복식

글, 사진/조효순

대원사

조효순 ————————

명지대학교 가정학과, 국제대학교 가정학과를 졸업했으며 이화여자대학교에서 교육학 석사학위를 받았다. 세종대학교에서 이학 박사학위를 받았으며 현재 명지대학교 교수로 있다. 「한국 복식 풍속사 연구」를 냈다.

복식

복식

한국 복식의 기원과 전통

　복식의 풍속은 식생활이나 주생활과 함께 기층 문화의 알맹이일 뿐만이 아니라 예의와 의식을 보여 주는 중요한 문화 현상이라 할 수 있다. 따라서 복식사는 단순한 역사적인 규명보다는 그 속에 흐르는 민중 의식이나 복식 심리를 살펴봄으로써 좀더 근본적인 복식의 변천 원리에 접근할 수 있다고 생각한다.

　복식은 인간의 생활 풍속 중에서도 가장 중요한 위치를 차지한다. 복식의 풍속은 그 시대의 법의 구속력이나 제도의 강제성을 뛰어넘어 사람들의 심리를 자극하며 연면히 흘러 이루어진 그 시대의 생활 양식이다. 비록 복식 풍속사 연구에 필요한 자료가 빈곤하여 어려움이 있기는 하지만 나름대로 문헌과 회화 자료, 출토 유물, 간단한 민속 조사를 통하여 한국 복식이 어떻게 형성되고 변모해 왔는지 알아보고자 한다.

　우리나라 복식은 이미 선사 시대에도 존재한 것으로 보인다. 구석기 시대 유적에서 복식에 관한 자료가 발견되지 않아 단정할 수는 없으나 인류학적으로 볼 때 초목의 껍질과 동물의 가죽이나 털로 몸을 보호했으리라 생각된다.

　우리나라에서 발견된 복식 자료 중에 가장 앞선 것은 기원전 3000

년 전부터 시작된 신석기 시대의 유적이다. 거기에서 재봉용 바늘과
방직용 방추차 그리고 몸을 장식하던 식옥류(飾玉類), 귀걸이, 팔찌
따위가 발견되어 그 때의 복식 기원의 일면을 짐작하게 한다. 또 최
근에 대전에서 출토된 농경문청동의기(農耕文靑銅儀器)에 보면 성인
남자는 상투를 하고 미혼 남자는 피발(被髮)한 모습을 보여 기원전
2,3 세기쯤에 이미 상투의 수발법(首髮法)이 시작된 것 같다. 그 뒤
에 청동기와 철기 시대를 거치면서 복식도 발전하여 저고리(襦), 바
지(袴), 치마(裳), 두루마기(袍)를 중심으로 하여 모자(冠帽), 띠
(帶), 화(靴) 또는 이(履)를 착용하고 여기에 귀걸이(耳飾), 목걸이
(頸飾), 팔찌(腕飾), 반지(指環)의 장식물을 더한 복식 구조를 완성
시켰다.

　우리 복식의 특색은 아한대성 기후로 삼한사온이 계속되는 자연
조건과 북방 유목민 계통의 문화 요소가 결합되어 이루어진 것이다.
곧 고구려 고분 벽화 무용총 무용도에 보면 저고리 소매와 바짓부리
는 좁게 되어 있고, 속옷부터 겉옷인 포(袍)에 이르기까지 몸을 싸는
형식이며, 중착의(重着衣)의 구조로 아한대성 기후에 적합한 것이
다. 또 계절에 따라 의복 재료를 달리 하여 자연 환경과의 조화를 꾀

대전시 괴정동에서 출토된 농경문 청동기의 뒷면이다. 여기에 조각되어 있는 그림은
삼국 시대 이전 기원전 2,3 세기의 우리나라 성인 남녀 복식의 기본 구조를 보여 주
는 좋은 자료이다.

하였다.

　그리고 우리 옷은 상체의 옷인 저고리와 하체의 옷인 바지와 치마가 떨어져 꽤 활동적이었다. 또 우리 복식의 전통 양식은 앞쪽을 튼 카프탄(Caftan) 형식으로 북방 몽고인이 많이 입는 호복(胡服)계통의 옷이다.

　상고 시대의 복식에 대해서는 자세히 알 수 없으나 기원전 3, 4세기의 유물로 추정되는 농경문 청동의기에 보면 고(袴)와 유(襦)를 기본으로 한 복식에 성인 남자는 상투를 하고 미혼 남자는 피발 모습을 하였다.

　이렇게 시작된 복식 생활은 부족 국가 시대에 이르러 사회의 발전과 더불어 복식 문화로 발전하여 완전한 의복 형태를 갖추게 되었다.

　삼국 시대에는 선사 시대의 기본 형태를 기반으로 하여 한국 복식의 고유한 양식을 형성했다. 그 후에 삼국 시대 말기에 이르러 중국 복식 곧 한육조(漢六朝) 복식과 당제(唐制) 복식의 영향으로 중국 양식이 많이 도입되었다고 볼 수 있다. 그러나 중국의 복식 제도는 왕실과 귀족층 일부의 관복과 예복에만 국한되었고 그들도 보통 때는 우리의 전통 옷을 입었다. 이렇게 해서 생겨난 외래 복식과 고유 복식의 이중 구조는 계속 이어져 우리 복식의 한 특징이 되기도 하였다. 한마디로 한국 복식은 상류층에서는 외래 복식의 영향을 받았으나 서민층에서는 우리의 고유한 전통 복식을 끈질기게 전수해 온 것이다.

무용총 가무도에 나타나 있는 남녀의 복식이다. 저고리와 두루마기의 여밈, 끝단, 수구에
는 선이 둘러져 있으며 허리에는 띠를 매고 있는데 저고리의 띠는 앞으로, 두루마기는 옆
으로 매어 중첩을 피했다. 삼국 시대 우리 복식의 기본 형태를 잘 보여 준다. (고구려)

삼국 시대와 고려 시대의 복식

삼국 시대의 복식은 부족 연맹 사회의 복식을 근거로 발전한 것인데 이들 부족 국가들은 평양을 중심으로 한 고조선과 그 북쪽에 자리잡은 부여, 예맥, 고구려, 옥저, 예와 남쪽에 자리잡은 마한, 변한, 진한의 삼한으로 이루어졌다. 이 시대 복식은 자세히 알 수 없으나 「삼국지」 '부여전'에서 "부여는 흰옷을 숭상하였고, 의복이 결청(潔淸)하다"라고 했다. 또 "부여에서는 흰 옷감으로 만든 대몌포(大袂袍)와 바지를 입었고 대인은 백색 모피와 흑색 모피로 만든 구(裘)를 입었다"고 하였으며, 예에서는 바지에 곡령(曲領)을 입었다고 하며, 마한 사람들은 밭농사와 누에농사를 할 줄 알았고 상투를 틀고 목걸이와 귀걸이를 하였다고 한다. 이 기록은 부족 국가 시대의 복식 문화를 잘 알려 준다.

삼국 시대의 복식은 고구려 고분 벽화에서 볼 수 있다. 머리에는 관모를 썼고, 저고리는 엉덩이까지 내려오고 직선으로 교차시켜 여미는 깃 형태의 직령교임식(直領交衽式)으로서 왼쪽여밈이다. 또 깃, 부리, 도련에는 다른 천으로 선(襈)을 두르고 바지는 가랑이가 홀태바지형이다. 그리고 양복 바지와 같은 궁고(窮袴), 가랑이가 넓은 광고(廣袴), 잠방이(褌)와 같은 바지도 있었다. 치마는 길이가 길고 끝단까지 잔주름이 잡혀 있고 두루마기는 무릎 아래로 내려갈 만큼 길고 저고리와 같이 선을 둘렀으며, 고구려 벽화에서는 주선(主襈)과 부선(副襈)도 보인다. 신은 주로 화(靴)를 신고 이(履)도 함께 신었다. 이와같이 우리 옷의 기본 형태는 체형에 맞추어 실용적이고 활동적이며, 북방 아한대성 기후에 알맞다. 삼국 시대의 복식은 고구려, 신라, 백제가 대체로 흡사했음을 여러 문헌, 벽화, 출토 유물을 통해 알 수 있다.

관모(冠帽)

우리나라 상고 시대의 수발법(首髮法)은 「해동역사」에 나와 있는데 '부인의 얹은머리'와 '미혼녀의 땋은머리'를 구분하였다.

삼국 시대의 머리 형식에는 푼기명머리, 묶은중발머리, 쪽머리, 얹은머리, 상투, 쌍상투 등 종류가 다양하다. 고구려 벽화인 미천왕비의 높은 고계는 큰얹은머리를 나타내 준 좋은 보기라고 하겠다.

「고려도경」에는 "미혼 남자는 검은 노끈으로 머리를 묶고 내려뜨렸다가 장가든 뒤에 속발(束髮)한다"고 하였는데 이 속발은 기혼 남자의 상투를 말하는 것이다. 부인의 얹은머리는 계속 이어져 내려와 고려 시대에 제작된 하회 각시상에서도 얹은머리의 풍속이 엿보인다. 또 고려 말에는 원나라 풍속의 영향으로 미혼 남녀가 머리를 땋고 검은 댕기와 붉은 댕기를 드리는 풍속이 다시 부활되었다.

우리 민족이 북방계 유목민이었던 만큼 방한용이나 햇빛 가리개로 이미 신석기 시대부터 관모를 착용했을 것으로 보인다. 그러나 기록으로는 「삼국지」 '부여전'에 금과 은으로 장식한 모자를 썼다고 처음 나온다. 삼국 시대에 이르러서는 절풍, 책, 변, 건귁, 갓, 금속

안악 3호분에 나타난 벽화이다. 미천왕비와
시녀들이 홍색 두루마기 차림에 높은 얹은
머리를 하고 있다. (고구려, 위)
삼실총 장사도에 나타난 남자 모습이다. 상
투를 하고 소매가 짧은 저고리에 잠뱅이를
입고 있다. (고구려, 오른쪽)

관 따위로 다양한 형태의 관모가 등장하였다.

절풍(折風)

절풍은 가장 원시적인 양식의 관모로 고구려에서 널리 쓰였다. 「삼국지」 '위지 동이전' '고려조'에 "절풍모가 있는데 그 모양이 변형이었다" 라는 기록이 있다. 변형은 삼각형의 고깔 모양이었던 것 같다. 재료는 가죽, 비단, 자작나무 껍질 따위였고 금과 은으로 장식하기도 했다. 고구려에서는 여기에 새깃을 꽂아 조우관(鳥羽冠)이라 했고, 신라에서는 자작나무 껍질(白樺樹皮)로 만들어 백화수피변형모라 불리기도 했다.

무용총 수렵도에 보이는 기마인물이다. 소매가 짧고 부리가 좁은 우임의 저고리를 입었으며 머리에는 조우(鳥羽)를 한뭉치 꽂은 절풍을 쓰고 있다. (고구려)

책 (幘)

책은 고구려인들이 많이 쓴 관모로 건(巾)의 사용이 보편화되면서 착용하였고, 그 전신은 중국 진(秦)대의 강파라고 했다.

「삼국지」 '위지 동이전' '고려조'에 "대가주부(大加主簿)가 쓴다"고 하여 관원이 사용한 것임을 나타낸다. 이 책은 뒤가 세 갈래 이상이고 미천왕릉, 안악 2호분, 3호분, 약수리 고분 벽화에서 보이듯이 앞이 얕고 뒤가 높은 뾰족한 형태로서 중국 무량사에서 발견된 책과는 전혀 다르다.

변 (弁)

절풍에 쓰인 재료와는 다른 가죽으로 만든 변이나, 모양이 면류관과 비슷한 작형(爵形)의 변이 있었다.

이러한 변형모는 단석산 공양 인물과 경주에서 출토된 기마 인물도에서 볼 수 있다. 실제로 가야국 사람들이 고깔을 좋아했다는 기록과 함께 금관에서도 그 유형을 찾을 수 있다.

건귁 (巾幗)

「구당서」 '동이전' '고려조'에 "부인이 건귁을 썼다"고 했고 「신당서」 '고구려조'에도 '수가건귁'(首加巾幗)이라 하여 머리에 건귁을 썼음을 기록하였다. 이것은 고구려 벽화에도 나타나 있듯이, 수건으로 머리를 덮어 꼭대기가 삼각형이 되게 한 것이다. 각저총 벽화에서 그 모습을 볼 수 있고 두건을 쓴 남자들의 모습도 많은 벽화에서 보인다.

갓 (笠)

갓은 모자집만으로 된 방립형(方笠形)과 모자집에 양태를 단 폐양립형(蔽陽笠形)의 두 가지가 있었다.

폐양립형은 고려 말기에서 조선 초 사이에 흑립(黑笠)으로 발전되
어 조선 시대에 가장 일반적인 관모로 사용되었다.

수산리벽화에 나타난 두 남자는 소매가 긴 두루마기
를 입고 뒤가 뾰족한 책을 쓰고 있다.(고구려, 위 왼쪽)
각저총 여인도의 여자가 입고 있는 저고리는 검정색
바탕에 홍색 선을 두른 좌임의 저고리이다. 머리에는
건귁을 쓰고 있다. (고구려, 옆)
감신총 벽화의 수렵인물은 제법 발달된 갓을 쓰고
있다. (고구려, 아래)
기산 풍속화중 장가가기의 그림에는 신랑이 사모를
쓰고 동자는 초립을 썼으며 나머지 남자들은 모두 갓
을 썼는데 그 갓의 모양이 고구려의 갓 모양과 같은
형태이다. (조선 후기, 위 오른쪽)

금속관(金屬冠)

금속관은 상류층에서 예관(禮冠)으로 사용한 것으로 귀금속으로 만들었다. 여기에는 변형모 형태와 금관, 금동관이 있다. 특히 금관은 한국의 특유한 관모로 고구려 벽화에서 원시 금관 모습을 찾을 수 있다. 이것은 삼국 시대에 성행한 보관(寶冠)을 계승한 것으로서 금속으로 정착되어 왕의 위용을 더해 주었다.

금관은 삼국에서 모두 사용했으며 특히 가야, 신라에서 매우 발달하였다. 금관은 더불어 금속으로 만든 목걸이, 귀걸이, 팔찌, 반지 따위도 발달하여 찬란한 금속 장신구 문화를 이루었다. 이것은 삼국 시대 복식 문화의 특징이 되었으며 찬란한 예술 문화를 꽃피웠다. 통일신라 시대의 금제 뒤꽂이와 장식빗에서도 그 일면을 엿볼 수 있다.

빗살이 섬세한 장식빗이다. 대모로 만들었으며 화엽문을 상감하고 청옥을 박았다. (통일
신라, 왼쪽)
경주 부부총에서 출토된 금제 태환귀걸이이다. 태환에 정교한 누금세공을 했고 아래에는
심엽형 영락을 장식한 우수한 작품이다. 국보 제90호. (고신라, 왼쪽)
무녕왕릉에서 출토된 금제 뒤꽂이. 은행잎과 새의 모습을 조각한 삼족을 머리에 꽂게 되
어 있다. 국보 제159호. (백제, 아래 왼쪽)
경주 황남동 대총에서 출토된 금제 팔찌이다. 위, 아래, 가장자리를 말아 붙이고 표면에
누금세공과 청옥, 남색옥 따위를 박았다. 보물 제623호. (고신라, 아래 오른쪽)

저고리

  기본 복식인 저고리는 남녀와 상하가 모두 착용한 웃옷으로 삼국 시대에는 유(襦)라고 불렀다.

  남자 저고리 형태를 보면, 길이는 엉덩이까지 내려오고 소매는 통소매이며 저고리의 깃, 여밈, 소맷부리, 도련 같은 데에 선을 둘렀다. 특히 한복의 저고리는 앞을 터서 여미는 카프탄형으로 처음에는 합임 곧 가운데 모아 여몄던 것으로 보인다. 그러다가 저고리의 여밈이 왼쪽 또는 오른쪽으로 바뀌어 오다가 고구려 고분 벽화를 살펴보면 6세기쯤에 오른쪽여밈으로 고정된 듯하다. 오른쪽여밈은 한복의 특징이기도 하며 여밈의 정착에는 띠의 역할이 컸을 것이다.

  여자 저고리도 남자 저고리와 같은 형태였으나 저고리의 길이, 소맷배래, 깃의 모양이 다양하게 바뀌었다. 안악 3호분에 나타난 저고리는 저고리 길이가 허리선까지 오며 합임이고 소매 길이도 짧고 좁다. 이것은 삼국 시대에 긴 저고리와 짧은 저고리가 함께 착용되었음을 뜻하며 우리 복식의 이중 구조를 보여 주는 좋은 보기라고 하겠다.

  저고리의 복식 용어를 살펴보면 남녀의 저고리를 신라에서는 위해(尉解)라 했고, 우태, 우치, 웃옷으로 바뀌어 갔다.

  또 유(襦)와 삼(衫)이라고도 했는데 유는 솜저고리나 겹저고리를 말하고 삼은 홑저고리 곧 요즈음의 여름철 적삼을 뜻한다. 이 밖에「당서」에 황유(黃襦), 장유(長襦), 대수삼(大袖衫), 복삼(復衫), 유통수(襦筒袖), 삼(衫) 같은 기록이 보이는데 이것들도 모두 삼국 시대의 저고리를 가리키는 말이다.

  이것말고 단의(短衣)와 내의(內衣)가 있는데 단의는 어떤 저고리인지 알 수 없으나, 내의는 여자 옷 중에서 짧은 저고리를 가리키는 듯하다.

수산리 벽화에 나타
난 두 남자는 저고리
를 입었으며 두건을
썼다. (고구려)

　고려의 「악학궤범」에 기녀복식으로 남적고리(藍赤古里), 한삼 같은
용어가 나오고 조선조 세종 때의 「원경왕후선존의」(元敬王后選尊
儀)에 홍단자적고리(紅段子赤古里)의 기록이 있다. 그 밖에 호수(胡
袖), 삼아(衫兒), 협격음(狹隔音), 대오자(大奧子), 한삼, 당저고리,
당고의 같은 것이 저고리의 종류를 말해 준다.

바지(袴)

바지는 북방 유목민이었던 우리 민족에게는 꼭 필요했던 복식으로 삼국 시대 이전부터 착용했다. 「삼국지」 '동이전' '부여조'에 "부여인들은 흰 천으로 만든 바지를 입고 짚신을 신었다"고 하여 바지의 역사를 말해 준다.

고구려 벽화에 나타난 바지는 남녀 모두의 기본적인 하의로 겉옷이나 치마 아래에 입었고 폭이 넓은 바지인 대구고(大口袴)와 폭이 좁은 바지인 궁고(窮袴)가 있었다. 문헌에 대구고, 적황고(赤黃袴), 궁고 같은 기록이 나오는데 이로 미루어 신분에 따라 바지의 폭, 길이, 색 따위를 구별했던 것 같다. 곧 귀인 계급에서는 바지통이 넓고 긴 대구고를 입었고 하류층에서는 바지통이 좁고 길이가 짧은 궁고를 입었는데 궁고는 노동복으로도 이용되었다. 또한 노동복으로 이밖에 삼실총 장사도에 보면 잠방이도 입었음을 알 수 있다.

백제의 바지는 대체로 고구려와 같았을 것으로 보인다. 그러나 '백제국사'(百濟國使)가 착용한 바지는 단에 선이 둘러져 있고 바지통도 넓고 풍성하나, 오늘날의 양복 바지처럼 대님을 묶고 있지 않다. 이것은 백제의 복식을 보여 주는 좋은 자료라고 하겠다.

신라의 경우 단석산 공양상의 광고(廣袴)와 토우 부부상의 궁고로 바지 모양을 짐작할 수 있다. 또 일본 정창원에 보존되어 있는 복형(服形)에서 신라와 매우 유사한 바지 제도를 찾을 수 있다.

고려 시대에는 목욕할 때 저상(紵裳)을 입었는데 조선 시대의 악공복인 말군에서 그 유형을 찾을 수 있다. 또 쇠코잠방이, 백고(白袴), 「악학궤범」의 백주고(白紬袴) 같은 기록을 보아 고려 시대의 고유한 바지 제도를 살필 수 있다.

한편 여자들도 속옷과 겉옷으로 바지를 입었는데 그런 보기는 고구려 벽화에 많이 보인다. 신라에서는 흥덕왕 때의 복식금제(服飾禁

삼국 시대 남녀들의 기본 복식을 보여 주는 무용총 벽화이다. (고구려)

制)를 통해 "진골녀는 계수라(罽繡羅)를 금하고 평인녀는 시(絁)를 사용한다"고 하여 바지에 사용하는 옷감을 제한했다. 고려에서는 관고(寬袴)와 저상을 입었는데 저상은 조선 시대에 여자 고쟁이(단속곳)가 되었고 관고는 조선 초기의 치마 모양의 바지라고 생각된다.

치마(裳)

  치마는 크게 상과 군으로 구분해서 입었다. 고구려 벽화에도 나와 있듯이 상은 남자도 입는 예복용 치마이고, 군은 여자들만 입는 길고 넓은 치마이다. 고구려 벽화 쌍영총 연도의 세 여인을 보면 잔주름이 치마 밑단까지 길게 잡혀 있다. 「고려도경」에 "귀부인은 황색 비단 치마를 많이 입고 천사(賤使)는 8폭이나 되는 길고 넓은 치마를 겨드랑이에 높이 치켜 입는다"고 쓰여 있는 것으로 미루어 고려에서도 삼국 시대의 그런 치마가 계속 착용된 것으로 보이며 치마는 저고리와 달리 삼국 시대부터 지금까지 큰 변화가 거의 없었다.

치마는 우리나라에서만이 아니라 중국, 일본, 동북 아시아에서도 입었던 흔적이 발견되는 의복이다.

치마라는 용어는 조선 시대에 들어와 정착된 말이다.「세종 원경왕후 선존의」에 '남라적마말(藍羅赤亇襪), 백저포적마(白紵布赤亇)'라 기록되어 있는데 적마가 바로 치마를 뜻한다. 그 후 적마는「훈몽자회」(訓蒙字會)에 쵸마, 츄마로 표기되어 있고,「한중록」에는 '진홍호오프문단치마'라 기록되어 '치마'라는 용어가 정착했음을 보여 준다.

서역 돈황 석굴 출토의 부녀 복식은 고려 시대의 치마와 같이 그 길이가 길며 착용 순서만 다를 뿐 우리 한복과 매우 비슷한 형태이다.

쌍영총 연도의 세 여인이 입은 저고리는 길이가 길어서 엉덩이까지 내려왔다. 여밈, 끝단,
수구에 선을 둘렀는데 흑지 홍색 문양이나 백지 홍색 문양이다. 치마도 마찬가지로 길이가
길며 끝단까지 길게 잔주름이 잡혀 있다. (고구려, 위 왼쪽)
일본 고송총벽화의 여인은 색동치마에 저고리가 엉덩이까지 내려왔다. 배색이 다양하고
허리에는 띠를 매고 있다. 이것은 일본 여인의 고대 복식을 잘 보여 준다. (삼국 시대, 위 오른쪽)

두루마기(袍)

두루마기는 저고리와 바지 위에 입던 겉옷으로 구에서 비롯되었다. 구는 본디 북방계 민족이 방한을 위해 상고 시대부터 입던 옷으로 중국에서는 주대에 입기 시작했다. 중국 능순성의 '송화강 하유적 혁철족'(松花江下遊的赫哲族)에 나오는 '포피남대창'(麃皮男大氅)이 우리나라의 구와 유사하며, 제주도와 함경도에 개가죽 두루마기의 유물이 남아 있다.

「삼국지」 '부여전'의 '백포대메포'(白布大袂袍)를 보아 우리 민족이 부족국가 시대부터 두루마기를 입었음을 알 수 있지만 이 기록만으로는 소매가 넓었다는 것말고는 그 형태를 짐작하기 어렵다.

고구려 벽화에 따르면 두루마기 형태는 크게 두 가지로 나뉜다. 하나는 소매가 넓고 길며 여밈은 직령교임식으로 깃, 도련, 수구에 선이 둘린 것이다. 또 하나는 소매가 좁고 길이가 짧은 것이다. 앞것은 우리 두루마기에 중국 한나라의 영향이 가미된 것으로 주로 귀족층에서 입었고 나중 것은 유(襦)가 길어져서 된 우리의 고유한 두루마기로 짐작된다.

삼국 시대의 두루마기는 고구려 벽화 외에 '백제국사도'나 '삼국사신도'에서도 볼 수 있는데 거기에 나타난 삼국의 두루마기 형태는 비슷하다.

삼국 시대에 상하가 모두 두루마기를 착용한 데에는 방한 외에도 의례가 더 크게 작용한 것 같다. 또 용강동에서 출토된 토용들을 보면 통일신라 시대에는 당과의 밀접한 교류로 우리의 기본 복식 외에 복두, 반비, 단령 같은 색다른 복식이 발견된다.

아무튼 두루마기는 고려 시대에 백저포(白苧袍)로 이어져 왕실과 귀족 관료 및 평민의 평상복으로 착용되었으며, 조선조에 이르러서는 중국 명나라 제도를 따르면서 철릭(帖裏), 답호(搭護), 도포(道

무용총 시녀 공양도에 보이는 여자들은 두루마기와 잔주름이 길게 잡힌 치마 밑으로 속바지를 입었으며 두루마기의 띠는 옆으로 매었다. (고구려, 위)

쌍영총 부부도의 남자와 여자는 홍색 두루마기를 입었는데 여밈의 모양은 직령교임식이며 깃, 도련, 수구에는 선이 둘러져 있다. (고구려, 아래)

袍), 중치막(中致幕), 창의 같은 다양한 두루마기(周衣) 형태로 발달
하였다.

대 (帶)

대는 유, 군, 포에 두르던 띠로 청동기 유적에서 마형대구(馬形帶
鉤)가 출토되는 것으로 보아 부족 국가 시대부터 사용한 듯하다. 삼
국 시대에 이르면 대는 단순히 의복을 정돈하는 실용성뿐만이 아니
라 품계를 구분하고 수식하는 목적도 띠게 되었다.

고구려의 대는 베나 비단 종류로 만든 포백대로 귀인은 폭이 넓은
대, 서민은 폭이 좁은 대, 천민은 실을 꼬아 만든 사승대(絲繩帶)를
사용했다. 백제에서는 대의 색을 달리하여 품계를 구별하였으며 신
라에서는 여기에 금속 장식을 더하여 사용했다. 그래서 신라는 고구

금관총의 과대와 요패는 금제로 요패 17개가 달렸으며 요패 끝에는 곡옥, 물고기,
칼, 도끼 같은 생활 필수품을 달았다. 예술적인 가치가 높다. 국보 제88호(5세기, 고
신라)

려와 백제에 견주어 과대(銙帶) 장식을 한층 발달시켰으며 국보 88 호인 금관총의 과대는 요패(腰佩)가 17개나 달려 있는 세계적인 보물이다.

삼국의 장식적인 대의 풍속은 고려 초까지 이어졌으나 고려에서는 중국의 의관을 들여다가 궁중의 대 제도를 바꾸었다. 그러나 서민용은 삼국 시대부터 포백대였을 것이며 유의 길이가 짧아짐에 따라 점차로 대의 사용이 줄게 되었다.

버선(襪)

버선은 발에 신는 것으로 말이라고 기록되어 있으며 마, 저포 따위로 만들었다. 삼국 시대부터 버선이 발달했는데 그 때의 버선에는 조선 시대의 어린이 버선처럼 버선목에 화려한 끈이 있었다. 버선목의 끈장식은 고려에 들어와 거의 사라졌으며 요즈음 어린이 타래 버선에 끈이 남아 있는 것은 장식이 아니라 실용적인 기능을 위한 것이다.

신(履)

삼국 이전에 이미 풀과 가죽을 이용한 신을 신었다. 「삼국지」와 「통전」에 따르면 부여의 초탑, 마한의 초갹, 초갹답, 초리 같은 신이 있었다. 따라서 삼국 시대 이후에는 이를 바탕으로 신발 문화가 상당히 발달했을 것이다.

고구려에서는 목이 짧은 이(履)와 신목이 길고 밑창이 두꺼운 화(靴)를 신었다. 문헌으로는 「구당서」에 적피화(赤皮靴), 오피화(烏

皮靴)가 기록되어 있고 벽화로는 쌍영총 후실 벽화에 목이 긴 화가 보이고 무용총 수렵도의 기마인은 백색화를 신고 있다.

백제에서는 왕이 오혁 리(烏革履)를 신었다. 일반인은 어떠한 신을 신었는지 알 수 없으나 상하의 구분은 있었으리라 생각된다.

신라에서는 고구려와 마찬가지로 화와 이를 함께 신었는데 실제로 식리총에서 출토된 많은 금동 리들은 금속제, 풀, 천, 나무 같은 다양한 재료로 신을 만들었던 그 당시의 발달한 신의 문화를 알려 준다. 신라에서는 화를 '세'(洗, Sian)라 하였는데 김춘추가 당에서 의대와 함께 화를 가져 온 뒤로 중국식으로 불렀기 때문일 터이다. 그러나 신라에서 화는 주로 남자가 신었고, 여성들의 다양한 신발 욕구를 만족시킬 수 있는 이(履) 종류가 발달하였다.

고려 시대에는 중국 원나라에서 복제를 그대로 받아들여 공복에는 화, 면복에는 적석을 사용하였다. 고려 우왕 때에 제정된 복식에 따라 화가 흑피화(黑皮靴)로 바뀌어 조선 말까지 변함없이 관복에 착용되었다. 한편 「고려도경」에 따르면 서민들은 삼국 시대와 달리 화를 절대 신지 못하게 했으므로 주로 초리 곧 짚신을 사용했던 것으로 보인다. 또한 「고려사」에 보면 공민왕 19년에 왕과 왕비복에 적석과 청석을 각각 착용한 기록이 있다.

무녕왕릉에서 출토된 금동 리(전체적인 모습을 보여 주는 위의 사진과 세밀한 문양을
잘 보여 주는 아래 사진)는 인동 당초문을 금동판에 투각한 신인데 바닥에는 9 개의 스
파이크를 박았다. (6 세기, 백제)

조선 시대의 복식

  조선 시대의 복식 문화는 사회 제도의 발전과 더불어 크게 발달하였다. 조선 시대는 삼국 시대 이래의 복식 문화를 꽃피워 아름다운 한복 양식을 완성시킨 시기라 할 수 있다. 곧 왕복, 왕비복, 백관복, 선비복, 서민복, 천인복이 정해지고 관혼상제복, 승복 같은 특수복이 제정되기도 하였으며 임금이 바뀔 때마다 수없이 내려진 복식 금제만 보더라도 조선 시대에 한국 복식 문화가 어느 정도 발달했는지를 잘 나타내 준다. 유교 이념의 추구로 복식 제도가 재정비되었고 이를 바탕으로 복식 의식이 정착되었으며 중국과의 교역으로 한복 양식이 더 높은 수준으로 완성되었다.

  조선 시대의 복식은 임진왜란(1592-1598)과 병자호란(1636-1637)을 사이에 두고 전기와 후기로 구분해 살필 수 있다.

  조선 전기는 왕조의 창업과 수성에 따른 복식 제도의 변혁기로 숭유억불의 사대 명분론을 좇아 왕의 면복, 곤복, 왕비의 적의, 백관의 조복, 제복, 공복, 상복, 융복, 군복, 갑옷, 이서복, 환시복 들에 이르기까지 모든 계층에 따른 복식을 정비하였다.

  한편 우리의 고유한 전통 복식은 고려 시대에 도입된 몽고풍의 영향을 소화하였으며 저고리의 길이가 짧아지면서 고름이 생겼다. 이 때에 근세 한복의 전통 양식이 성립되었다고 할 수 있겠다.

또 전란의 영향으로 문물의 손실이 커서 복식 제도가 문란해졌다. 이를테면 전란 중에 임금과 백관이 모두 융복으로 철릭을 입었는데 전란 후에도 백관복을 회복하지 못하고 상하가 모두 철릭을 입었다.

영조와 정조 때에 이르러서는 왕조 체제가 재정비되고 문화 예술이 진흥하여 양반과 상민의 질서가 혼란해진 데다가 사치 풍조가 겹쳐 우리 옷의 미적인 특징이 두드러지게 나타났다. 그래서 권위와 여유가 있어 보이는 갓과 도포, 꼭 끼는 짧은 저고리와 풍만한 치마, 거창한 머리 모양 따위가 등장하였다. 이러한 모습은 당시의 풍속畵에도 잘 나타나 있으며 이 때에 현대 한복에 이어지는 복식 전통이 완성되었다고 할 수 있다. 따라서 조선 중기와 후기는 조선 복식의 형성기라고 할 수 있겠다.

한복은 중국의 기포(旗袍), 일본의 기모노(着物)와는 전혀 다른 양식으로 삼국 시대의 고유한 양식을 기본으로 간직하고 있다. 이것이 개화기에 합리화와 간소화의 과정을 겪으며 오늘의 한복으로 이어졌다.

이와 같은 복식의 변천을 성인복과 아동복, 기녀복과 관혼상제복으로 나누어 살피고자 한다. 어른과 아이들의 옷은 조선 시대의 전반적인 복식의 흐름을 알 수 있게 하며 기녀복과 관혼상제복은 모두 조선 시대에 유교 사상이 들어옴으로써 파생된 특성을 반영한다.

유교로 내외법이 심하던 조선 사회에서 생활이 비교적 자유로웠던 기녀들은 나름대로 복식미를 창출해 냈으며 이것은 일반 부녀와 반가의 부녀에게도 영향을 끼쳤다. 그리고 관혼상제의 복식과 절차를 알아봄으로써 조선 사회의 특성과 복식의 흐름을 살필 수 있다.

남자 복식

조선 시대의 남자 복식을 왕족과 사대부, 서민들의 옷으로 나누어 알아보자.

왕복과 왕세자복

왕복은 태종 3년 11월에 명나라에서 황엄이 면복과 왕비복을 처음으로 가져왔다. 이것은 면복에 열두 가지 수를 놓은 중국 명나라 황제의 십이장복보다 2등이 낮은 구장복(九章服)이다.

왕의 제복으로 면복과 조복에는 원유관(遠遊冠)과 강사포(絳紗袍)가, 상복에는 익선관(翼善冠)과 곤룡포(袞龍袍)가 따르며 중의(中衣)로 첩리와 답호가 있었다. 전쟁 때에는 전립에 융복을 입고 한가하게 거처할 때에는 편복(便服)을 입었다.

왕세자복은 세종 8년 2월에 제정되었고 왕복과 같이 여러 종류가 있었다. 왕이 용의 발톱이 다섯 개인 오조룡포(五爪龍袍)를 입었던 것과는 달리 왕세자의 곤룡포는 사조룡포였고 왕세자가 성인이 되기 전까지는 항상 공정책(空頂幘)을 썼다.

철릭은 모양이 저고리와 치마를 이은 것 같다. 겉옷인 표의의 일종으로 몸을 민첩하게 할
때 입는 융복이다. (조선 중기, 왼쪽)
답호는 첩리 위에 입는데 문관이 주로 입어 무관의 전복에 상대되는 표의이다. (조선 후기,
왼쪽)
익선관 곤룡포를 착용한 태조 어진을 보면 곤룡포의 가슴과 등, 양어깨에 용보를 달았다. 이
용은 발톱이 다섯 개인 오조룡으로 지존의 위엄을 나타내고 있다. 세자는 사조룡, 세손은
삼조룡으로 한다. (조선 초기, 오른쪽)

백관복(百官服)

백관복은 세종 8년 2월에 완성되어 예종 때「경국대전」(經國大典)에 집대성되었다. 조복은 금관조복(金冠朝服)으로 화려하게 금칠한 양관(梁冠)과 적초의, 홀, 목화로 구성된다.

제복은 공무 집행 때에 입는 관복으로, 태조 원년 11월에 상정시켜 예종 때「경국대전」에 채택되었다. 복두에 담홍포나 청록포를 입고 대와 홀과 흑화를 신었다.

상복은 문무백관이 평상 집무 때에 입는 옷으로「경국대전」의 기록을 보면 사모(紗帽), 단령포(團領袍), 흉배(胸背), 대, 백말, 협금화(挾金靴)로 구성되었다. 그 중에 사모는 시대에 따라 형태가 변천해 왔는데 고려 말과 조선 초기에 걸친 정몽주의 사모는 뿔이 좁고 밑으로 처졌으며 조선 중기 허목의 사모는 모정이 높고 뿔이 경각이며 수평이다. 조선 말 고종 때 신정희의 초상화에 나타난 사모는 모정이 얕고 뿔의 길이가 짧아지면서 두께가 두꺼워지고 뒤로 약간 구부러져 조선 초기의 것과는 전혀 다른 형태를 보여 준다.

또한 상복에서 계급장이었던 흉배는 왕과 왕비의 것은 보(補)라고 하여 용의 발톱이 다섯 개인 오조룡이고 왕세자는 사조룡, 왕세손은 삼조룡이었다. 명나라 3품의 흉배를 우리나라 1품으로 정하는 따위로 두 단계씩 낮아지는 원칙을 따랐는데 흉배 제도는 세종 28년 1월에 논의되어 단종 2년 6월에 완성되었다.「경국대전」에 실린 흉배를 보면 대군은 기린, 왕자군은 백택, 문관 1품은 공작, 2품은 운학, 대사헌은 해태, 도통사는 사자, 당상관 3품은 백한, 무관 1, 2품은 범과 표범, 당상 3품은 웅비였다. 그 후 고종 8년 2월에 정해진 흉배는 문관 당상관은 쌍학, 당하관은 단학, 무관 당상관은 쌍호, 당하관은 단호였고 특별한 공을 세운 김천일 장군이나 임경업 장군은 특이한 도식형 흉배를 붙였다.

이서는 관료와 평민의 중간 계급이다. 공복으로 복두, 포, 흑각대,

목홀, 흑피화, 무각평정건, 청단령조아를 했는데 후에 평정건은 오
사모로 바뀌었다.

환시복은 내시, 별감, 궐안의 차비, 인로, 나장, 조예 들의 복장을
말한다. 별감은 자건과 청단령 조아를 하고 궐 안의 차비는 청건과
직령과 조아를, 나장은 조건과 청반비의, 조아를 했다. 그런데 환시
복에 많이 나타난 청건이나 자건은 건양(巾樣) 끝에 '쇠가래'라고도
하는 철가라를 끼운 것이다. 군졸의 쇠가래를 보면 모자 끝에 긴 끈
이 달린 마래기도 보인다.

임경업 장군의 관복은 사모 청단령포, 상아대, 흑혜의 차림이다. 인조 때 나라에 공이 컸던
무신에게 내렸던 도식화된 특이한 흉배를 하고 있다. (왼쪽)
대원군이 착용한 금관조복은 금칠을 화려하게 한 오량 금관에 적초의, 학정대, 상아홀, 흑
혜의 차림으로 조선조 문무백관의 영광된 관복 가운데 하나이다. (오른쪽)

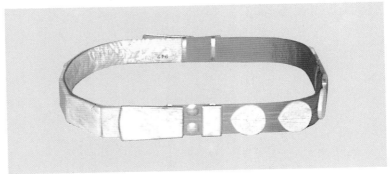

왕비가 사용하는 봉황흉배는 금사와 오색 견사로 날으는 쌍봉을 수놓았다.(조선조, 위 왼쪽)
단학흉배는 문관 당하관의 흉배로 날으는 학 한 마리와 구름, 물결, 바위, 불로초 등을 수 놓았다.(조선조, 위 오른쪽)
고려대박물관에 소장되어 있는 이 옥대는 왕이나 왕자가 착용했다.(아래)

 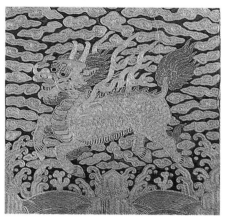

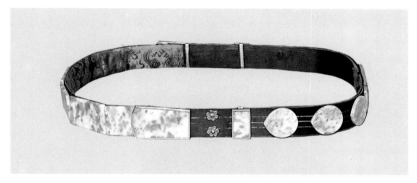

단호흉배는 무관 당하관 종4품 이하의 무관이 사용했다. (조선조, 위 왼쪽)
기린흉배는 대군이 착용하며 기린의 머리, 다리는 용의 형상이고 몸은 물고기 비늘로 되어
있다. 금사와 은사로 지초, 구름, 바위, 십장생, 파도를 수놓았다. (조선조, 위 오른쪽)
비취대는 황제가 착용했다. (조선조, 아래)

제복(祭服)은 흑초의, 방심곡령(方心曲領), 제관(祭冠)으로 구성된다. (조선조, 위 왼쪽)
온양민속박물관에 소장되어 있는 조선 후기의 갑옷이다. 어깨 위에 용을 조각하여 붙였다.
(위 오른쪽)
민영환 선생의 이 전복은 황색 길에 적색 소매를 단 동달이 위에 전복을 입었다. (조선
후기, 아래)

장원 급제한 사람의 옷을 보면 녹색 앵삼, 복두에 어사화를 꽂고 상아홀, 상아대, 흑혜를 신는다. 오른쪽 관리는 청단령에 적색 답호, 초립에 공작미를 꽂고 왼쪽 남자는 백색 첩리 에 초립을 쓰고 있다. (조선 후기)

서민복

　서민 남자의 평상복은 바지와 저고리이고 외출 때나 특별한 행사가 있을 때는 소창의나 두루마기를 덧입었다. 이 때 서민들이 입던 소창의와 두루마기는 양반층에서는 중치막이나 도포 밑에 입던 중의이자 평상복이었다. 그러나 조선 말엽에 이르러서는 하천민에 이르기까지 도포의 착용이 보편화되었다. 그 후에 도포가 비활동적이라는 이유로 고종 때에 이르러 좀더 단순화된 겉옷인 두루마기가 평상시의 예복이 되었다. 외출이나 의례를 위해 두루마기를 입은 뒤에는 갓을 쓰고 버선에 짚신을 신었다. 이는 조선 중기부터 싹트기 시작한 실학 사상이 복식 문화에 영향을 줌으로써 실용성 위주로 바뀐 것이다.

수복(首服)

　조선 시대의 남자의 수발 풍속을 살펴보면 삼국 시대부터 내려온 풍속으로 쌍상투와 변발이 대표적이다. 미혼 남자의 땋은머리, 묶은머리는 결혼을 하게 되면 모두 풀어 정수리에 상투를 틀었다.

　그뿐만이 아니라 자식을 낳아 석 달이 되면 황새머리 추를 만들었는데 남아는 각(角)이라 하고 여아는 기(羈)라 하여 남녀의 성을 구분하기도 했다. 좋은 일이 있을 때는 머리를 촘촘히 땋고 나쁜 일이 있을 때는 머리를 느슨하게 땋으며, 부모가 병중일 때는 의관 쓴 머리를 빗지도 말고 상 중에는 풀거나 삼이나 베로써 상투를 싸고 머리를 돌려맸다.

미혼 남녀의 쌍개의 수발법을 한 동자상이다. (조선 초기)

관모

우리 민족은 옛날부터 맨머리를 그대로 드러내기를 싫어해서 두건을 썼으며 신라인은 복두를 쓰고 고려인은 건(巾)을 썼다. 조선 시대에도 망건과 갓으로 머리를 정제하는 일이 선비들의 기본 예절이었다. 특히 조선 시대의 갓은 고려말의 폐양립형 갓을 발전시킨 것으로 그것은 초립의 단계를 거쳐 흑립으로 발달되었다. 초립은 가는 대나무 껍질을 엮어 만들어 양반과 상민이 함께 착용했고, 흑립은 말총으로 만들어 초기에는 상류층에서만 착용했으나 중기에 천민을 제외한 일반인 모두가 평등하게 썼다. 초기의 갓은 갓모자가 둥글고 양태가 넓었으나 차츰 갓모자가 높아지고 각이 졌으며 명종과 선조 때에 와서는 양태의 너비가 75 센티미터쯤까지 넓어졌다. 조선 말에 양반은 잠잘 때와 변소 갈 때를 제외하고는 갓을 벗지 않았으니 양태의 크기는 일상 생활에 큰 불편을 주었고 갓끈 장식과 더불어 남자들의 사치 풍조를 이끌게 되었다. 갓 양태가 좁아진 것은 대원군의 복식 간소화 금령 이후로, 갓 양태와 조선 시대의 사치 풍조는 이처럼 깊은 관계가 있다.

이 밖에도 머리를 정리하는 도구로 망건, 관자, 동곳, 상투관이 있었고 탕건, 감투, 사방관, 동파관, 정자관, 충정관, 장보관, 초립, 갈모, 송낙, 가죽감태, 정당벌립, 유건 같은 다양한 쓰개가 있었다.

머리를 따뜻하게 하기 위해 복건, 휘항, 만선두리, 풍차 같은 쓰개를 썼는데 그것들은 실용적인 기능 외에 멋과 부를 상징하는 중요한 수단이 되기도 하였다.

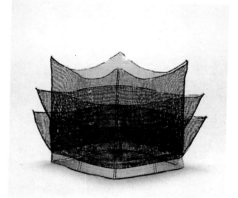

상투에 첨(상투비녀)을 꽂고 사방관을 쓴 이광사(李匡師)의 초상화이다. (조선조, 위)
조선 시대 사대부들이 즐겨 쓰던 사방관이다. (조선조, 아래 왼쪽)
조선 시대 사대부들이 즐겨 쓰던 정자관이다. (조선조, 아래 오른쪽)

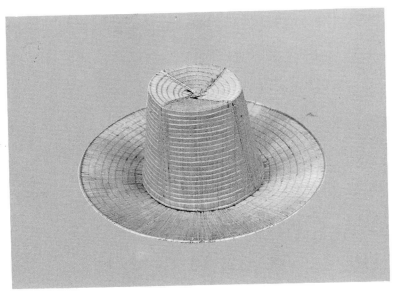

초립은 패랭이라고도 하며 조선 시대 흑립과 함께 상민의 쓰개가 되었고 동자들은 관례 전
까지 양반댁 자제들이 쓰므로 초립동이라고 하였다. (조선 후기, 위)
비올 때에 갓모자 위에 쓰는 갈모이다. 기름종이로 만들어 빗방울이 스며들지 않으며 우산
처럼 접을 수 있다. (아래)
송락과 고깔은 승려의 관모이다. 단원의 풍속화 가운데 점괘이다. (오른쪽)

저고리와 바지

조선 시대의 저고리는 삼국 시대의 긴 저고리가 짧아짐에 따라 선이 가슴 여밈에서 잘린 모양처럼 되었던 것이 앞으로 튀어나온 듯한 목판깃으로 바뀌고 안섶, 겉섶, 무가 넓어지고 품도 넓어졌다. 조선 중기에는 목판깃이 당코깃으로 변하고 무도 없어졌다. 이러한 변화는 계속되어 후기에는 당코깃이 동그래깃으로 변하여 현재 남자 저고리로 정착되었다.

조선 시대의 남자 바지 중에는 고구려 벽화에서 나타나는 통이 넓은 바지와 통이 좁은 바지가 있었다. 넓은 바지를 입을 때는 바지가 흘러내리지 않게 허리띠를 매었고 발목을 대님으로 묶었다. 통이 좁은 바지는 주로 일할 때에 입었는데 여름철에는 무릎 길이의 잠방이를 입었다. 쇠코잠방이라고도 했던 이 옷은 삼베로 만들어 등거리 적삼과 함께 입었다.

또 비올 때에는 도롱이를 입었는데 이것은 어떤 지방이나 마찬가지였다. 도롱이는 짚이나 풀로 저고리 길이보다 길게 하여 상의에 걸쳐 입으며 녹포의(綠袍衣)라고도 하였다. 이 도롱이는 삿갓이나 농모와 같이 착용하였는데 강화도에서는 머리에서부터 길게 입기도 했다.

바지, 저고리는 계절이나 지방에 따라 옷감 만드는 방법, 입는 방법 따위가 조금씩 달랐다. 여름에는 삼베, 모시로 지었고 저고리 밑에 등거리 적삼, 잠방이 같은 것을 받쳐 입었다. 봄, 가을에는 모시를 겹으로 다듬어 지어 입었고 겨울에는 솜을 얇게 누빈 누비옷을 입었다. 솜을 두고 누빈 옷을 통틀어서 납의라고 하였고 솜옷으로 핫저고리, 핫바지 같은 것이 있었다. 핫저고리 위에는 저고리보다 길이가 긴 배자를 입기도 했다. 누비옷은 목화의 보급과 더불어 그 사용이 증가하였다. 그러나 목화가 나지 않았던 관북 지방에서는 겨울에도 삼베 옷이 고작일 만큼 의복난이 심했다. 「임하필기」에 인조가 겨울철에 대비하여 관북 지방 백성에게 저고리 500 벌과 낙폭지(창호지같이 질긴 종이) 400 장을 보내 옷을 지어 입게 했다고 기록되어 있는데 이것은 관북 지방의 의복 사정을 말해 주지만 한편으로 종이로 만든 옷을 입었음을 시사하는 좋은 예이다.

납의는 회색빛으로 깁고 기운 두루마기로서 승복의 대명사가 되었다. (조선조)

두루마기(周衣)

두루마기는 조선 시대 사람들이 가장 오랫동안 보편적으로 사용한 겉옷으로 신라에서는 우티, 우치라 했으며 지금도 충청남도에서는 두루마기를 우티라 한다. 삼국의 두루마기는 고려에 이르러 백저포란 이름으로 착용되었고 조선 시대에까지 이어졌다. 조선조 후기에는 남자의 겉옷이 철릭, 창의, 도포, 중치막, 학창의, 심의, 답호, 주의처럼 다양하게 발전했다.

조선 초기의 두루마기는 목판깃이나 칼깃이고 옷 길이가 종아리에 오고 소매도 좁고 품이 상당히 넓은 두루 막힌 옷이었다. 그러던 것이 동그래깃이 되고 무와 옷고름이 첨가되어 오늘날과 같은 두루마기로 정착하였다.

여름에는 모시홑단두루마기, 봄과 가을에는 목면두루마기, 겨울에는 솜을 두어 만든 솜두루마기와 누비두루마기 같은 것을 입었다.

우리 고유의 두루마기 형식은 왕과 백관의 예복으로도 사용되었다. 두루마기가 직령과 곡령으로 나뉘어 왕의 면복과 백관의 융복은 직령이었고, 왕의 곤룡복과 백관의 공복과 상복은 곡령이었다. 곡령은 중국의 외래적인 요소를 우리 것으로 수용한 것이다.

평안감사환영도의 사람들은 흑립에 홍색 첩리, 전모에 흑단령 전복, 흑립에 옥색, 백색 도포, 녹색 첩리에 갈색 답호의 차림에 공작미를 꽂은 흑립을 썼다. 마부는 초립에 백색 바지저고리를 입었고 노인은 백색 창의나 중치막을 입고 갓을 썼다. 양반댁 동자는 변발에 백색 창의 차림이고 서민 어린아이는 백색 바지에 백색 또는 홍색의 동저고릿바람이다. (조선조, 오른쪽 위)
창옷을 입고 미투리를 신은 남자. 혜원의 풍속화이다. 흑립을 썼다.(오른쪽 아래)

대(帶)

대는 삼국 시대부터 옷을 여미는 실용적인 목적과 더불어 계급을 표시하는 목적으로 사용해 왔다. 그러다가 조선 시대 관복에는 완전히 계급의 표시로 사용했다. 왕복에는 비취대(황제용)와 옥대를 띠고 백관복에는 서대와 삽금대, 융복에는 광다회(廣多繪), 전복에는 포대인 전대를 띠었다. 조선 중기에 겉옷으로 입은 도포, 대창의, 중치막 두루마기에는 주로 세조대를 사용했다. 당상관은 적색이나 자색을 당하관은 청색이나 녹색을 주로 사용하였다.

백관 정2품이 착용했던 삽금대이다. (조선 후기)

신(履)

조선 시대의 신은 왕과 왕비복에는 고려 시대의 석(舃)이 그대로 사용되었고 관복에는 흑피혜, 흑피화, 목화가 주로 사용되었다.

혜, 화에 대한 품계별 규정이 세종 12년에 이루어져 조선 말까지 거의 변함없이 지켜졌다. 곧 혜는 동서반 7품 이하는 신지 못하고 무공, 악공, 별감, 소친시 들은 일할 때만 착용하며 승려와 천민은 사용을 금하였다. 또 제례 때 착용하던 백화(白靴)가 조신들 사이에서 유행하기도 하였다.

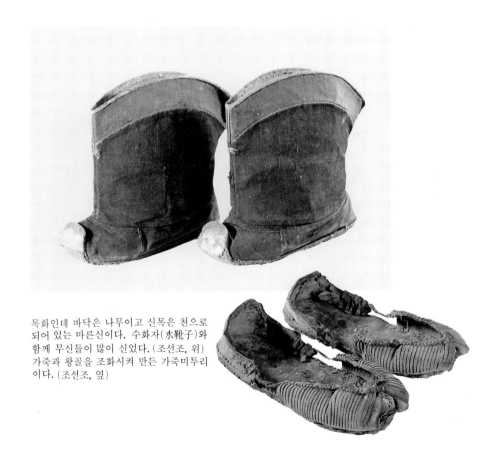

목화인데 바닥은 나무이고 신목은 천으로 되어 있는 마른신이다. 수화자(水靴子)와 함께 무신들이 많이 신었다. (조선조, 위) 가죽과 왕골을 조화시켜 만든 가죽미투리 이다. (조선조, 옆)

미혼 남녀는 주로 검은색 신을 신었는데 신코와 신들메는 없었다. 신은 거의 치마의 빛을 따른다고 했으므로 검은 베옷에는 검은 신을 신었을 것이다. 여자 신에 대한 언급은 없으나 남자와 유사했으리라 보인다. 조선 말에 남녀의 장식신으로 꽃미투리와 꽃신이 있었고 일반 서민은 짚신, 미투리, 나막신 들을 주로 신었다.

또 조선 말에 태사혜가 유행했는데 이는 헝겊과 가죽으로 만들고 신코와 신 뒤쪽에 흰 태사 문양을 넣은 것으로 왕의 평상복에도 사용하였다.

여자 신은 궁중용으로 온혜, 운혜가 있었는데 지금의 고무신과 비슷하며 신코와 뒤쪽에 운문을 넣어 장식했다. 또 신 주위에 금선을 두른 사치스러운 금선화가 한때 유행을 일으켰다.

미투리는 짚신의 고급품으로 왕골, 청올치, 실, 종이 등으로 만드는 마른신이다. (조선조)

조선 시대 남녀 모두가 우장용으로는 나막신을 신었다. 이 신은 신고 걷는 태도가 오만하다 하여 천민이나 연소자는 상류층과 연장자 앞에서 신지 못하게 했다. 또 생가죽을 기름에 절여 만든 진신(징신)도 양반층에서 우장용으로 신었다.

그런가 하면 숙종조에는 종이로 만든 신인 지혜가 유행하여 책, 문서를 잘라 만드는 바람에 사용을 금지했다. 조선 말에 종이로 만든 미투리가 그 한 종류라고 볼 수 있다.

서민들이 평소에 신던 신은 짚신과 미투리였다. 짚신에는 재료에 따라 고은짚신, 쇠짚신, 엄짚신, 부들짚신, 왕골짚신이 있고, 미투리는 재료인 삼의 정제도에 따라 삼신, 무리바닥, 절치, 탑골치 등으로 불렸다.

남자신 태사혜, 흑혜, 백피혜와 여자신 유혜, 당혜 들이다. 유혜는 비오는 날 신는 신이며 검정색, 붉은색, 백색 당혜는 여자의 마른신이다. (조선조)

여자 복식

조선 시대 여자들의 수복, 옷, 장신구 등을 두루 알아보자

수복

조선조의 수발 풍속도 다양하였는데 미혼 남녀의 변발(땋은 머리)과 쌍상투가 삼국 시대부터 이어 왔고 특히 부인의 얹은머리 모양은 상고 시대부터 조선조 후기까지 대표적인 머리 형식이었다. 따라서 얹은머리의 이름도 다양하였다. 조선조 여인들은 얹은머리에 다래를 드려 머리를 크고 높게 할수록 아름답다고 생각했다. 성종 때에는 고계의 높이가 한자나 되었고 여기에 밀화, 석황, 금, 은, 진주 따위로 장식하여 그 사치스러움이 대단했다. 그러므로 다래를 미처 준비하지 못하면 결혼이 늦어지고 혼인한 지 예닐곱 해가 지나도 폐백 예의를 갖추지 못하여 패륜에 이르기도 했다.

영조는 그 폐단을 막고자 체발을 50속에서 20속으로 줄이는 등 발제 개혁을 단행하고 족두리와 쪽머리로 대치하도록 했다. 그러나 족

가체는 월자라고도 한다. 조선 시대 중기에 가발 사치가 심했을 때는 큰 가체가 많았는데 이것은 궁중용이다.

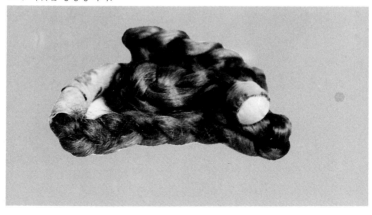

두리는 그보다 서른 해가 지난 순조 중엽에 실시되고 쪽머리는 백 년이 지난 순조 말엽에야 정착되었다.

그 시대의 모발 관리를 보면 머리를 검게 하는 흑발장윤법이나 대머리에 머리털이 나게 하기 위해 천궁, 액리, 산호, 만평차, 향부자를 이용하는 법이 「산림 경제」에 기록되어 있다.

수발 도구에는 얼레빗, 참빗, 빗, 빗치개(가리매), 솔빗, 살적밀이, 족집게, 빗접 같은 다양한 종류가 있고 수발의 형태도 큰머리, 더구지머리, 어여머리, 낭자두, 땋은머리, 쌍상투, 사양머리, 바둑판머리, 종종머리처럼 다양하다. 또 수식품으로 댕기, 떨잠, 첩지, 비녀, 뒤꽂이, 족두리, 화관 같은 다양한 종류가 있으며 댕기의 종류만 보아도 도투락댕기, 큰댕기, 앞댕기, 제비부리댕기, 고이댕기, 배씨댕기처럼 화려한 수와 보석을 장식하여 미의 극치를 보여 주는 것이 많아 얼마나 머리 사치가 심했는지를 짐작할 수 있다. 또한 "자식이 부모를 섬길 때는 반드시 빗질하고 댕기와 비녀와 상투를 틀어야" 했으며 "미성년자는 첫 닭이 울면 모두 목욕하고 세수, 양치질하고 머리 빗고 댕기 드리는 것"이 기본 예의였다.

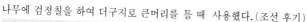

나무에 검정칠을 하여 더구지로 큰머리를 틀 때 사용했다. (조선 후기)

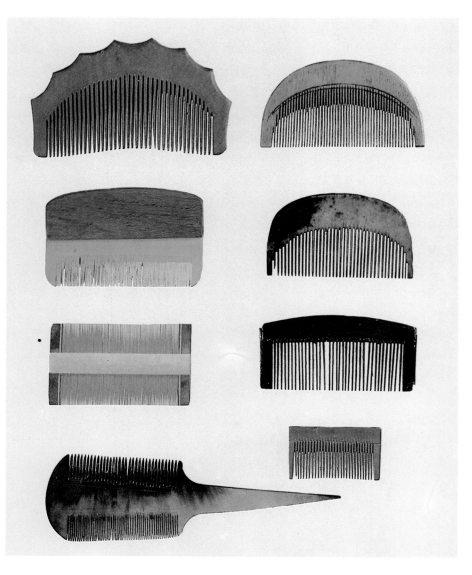

조선 시대 말기에 궁중에서 사용하던 얼레빗, 참빗, 상투빗, 가리마용 면빗이다.(조선 말기,위)
얹은머리나 쪽머리에 장식으로 꽂던 뒤꽂이이다. (조선조, 오른쪽)

궁중 여복

  궁중 여복에는 왕비빈의 예복으로 대삼과 적의가 있다. 적의는 조선 초 명에서 받아들여 영조 이전까지 배자와 적의가 혼용되었고 영조 이후 조선 말까지는 다홍색 적의를 착용하였다. 이것은 앞뒤 길이가 달라서 앞은 치마 길이와 같고 뒤는 30 센티미터쯤 앞보다 긴 것이 특징이었다. 조선 말에 고종이 황제 자리에 오르면서 심청색 적의를 착용했다.

  궁중소례복인 당의는 황제비는 황색 당의를, 왕비는 자적 당의를 입고 공주, 옹주는 초록 당의이며 그 문양은 용문, 봉황문, 화문, 글자문 등이 있다. 이 당의는 봉황문 황색 당의이다. 가슴과 등, 양어깨에 보를 부착했고 자주 고름과 함께 소매 끝에는 흰색 거들지를 부착했다.

상복(常服)의 종류는 단삼, 노의, 장삼, 국의, 원삼이 있는데 이 중 노의는 4품 이상의 본부인만이 착용하였고 장삼은 5품 이하의 본부인이 입던 예복으로 상궁도 입었다. 또 원삼은 활옷, 당의와 함께 신분에 따라 색과 문양에 차이를 두었으며 공주의 원삼과 활옷은 서민의 혼례복으로도 착용을 허용하였다.

빈궁복은 왕비복에 따랐다. 공주와 옹주는 초록 원삼을 입고, 왕비빈의 스란치마 문양은 용이나 봉황이었음에 견주어 공주, 옹주 그 밖의 내명부는 꽃무늬였다.

적의는 왕비의 대례에 입는 법복으로 심청색이나 홍색이 있다. 옷감은 공단이고 적문과 화문을 번갈아 수놓는데 9등분할 때는 꿩문 138 쌍을 배치한다. 이 적의는 12등분이고 목 둘레에는 하피를 걸쳤으며 여밈, 소맷부리, 끝단에는 적색 공단에 용문양을 직금하였다. (조선조, 위) 홍색 공단 앞뒤 길에 모란과 연꽃을 수놓고 소매 끝부분에 청, 황, 홍의 색동을 대고 부리에는 흰 색단에 봉황을 수놓았다. 이 활옷은 공주의 것이다. (조선조, 아래)

일반 여복

조선조 서민 여자의 평상복은 저고리와 적삼, 치마, 단속곳, 바지, 속속곳, 다리속곳에 버선과 짚신이었다. 특히 속옷이 매우 발달했으며 이에 따라 여자 치마는 독특한 실루엣을 갖게 되었다. 물론 천민층은 예외였으나 대체로 조선 여자들은 속옷에 관심이 많았고 대슘치마, 무지기 따위는 일반 부녀의 사용이 제한되었다. 또 유교의 영향으로 내외용 쓰개가 발달하였다.

여자 복식은 남자 복식과는 달리 시대에 따라 유행의 물결을 타고 세부 형태나 입는 방법이 변해 왔다. 따라서 여자 복식을 저고리와 치마, 예복, 내의, 쓰개, 장신구로 나누어 변화해 온 모습을 살피고자 한다.

저고리 여자 저고리도 남자 저고리와 마찬가지로 삼국 시대의 것을 그대로 계승한 것이다. 대체적인 형태 변화는 남자 저고리와 같았으나 깃, 도련, 소맷부리의 선이 고려 말에서 조선조로 오면서 삼회장저고리로 된 것이 여자 저고리에서의 독특한 변화였다. 또 조선 중기를 기점으로 저고리 길이가 짧아진 것도 남자 저고리와는 다른 양상이었다. 특히 임진왜란을 계기로 짧은 저고리가 일반화되었고 그 길이도 점차 짧아져 말엽에는 젖가슴을 가릴 수 없을 정도였다.

초기 저고리는 등 길이가 남자처럼 허리 밑까지 왔고 (남양 홍씨 황색 누비저고리는 66 센티미터) 소매는 직배래에 통수였고 소매 길이는 손등을 덮을 정도였으나 깃은 목판깃과 반목판깃이 공존했고 섶 끝동이 넓고 곁마기가 있었다.

중기에는 등 길이가 길어졌고(궁중 유씨 홍색 회장저고리는 78 센티미터) 반목판깃이 많아졌고 안섶이 좁아졌다. 겉옷은 윗부분이 넓어짐에 따라 섶선의 경사도 심해졌고 곁마기는 배래선을 따라 나갔다. 또 끝동이 좁아졌다.

전통적인 깨끼바느질법으로 만든 은조사배자와 소색양단배자는 그 곱솔이 정교하며 깃선, 섶선, 도련선, 조끼의 암홀선에는 진자색의 파이핑을 둘렀다. (조선 후기)

중, 후기에는 저고리 길이가 짧아지기 시작했으며 당코깃이 등장했고 깃 너비도 매우 좁아졌다. 또 섶, 끝동, 동정도 좁아져 저고리 전체가 작아졌다.

조선 후기에 저고리가 작아진 것은 이미 삼국 시대에 유래를 찾을 수 있고 고려 시대에 몽고의 영향도 완전히 배제할 수 없다. 안악 3호분 벽화에 나타나 있는 짧은 저고리가 긴 저고리 밑에 입던 속적삼이라면 박규수도 그의 「거가잡복고」에서 지적한 바와 같이 조선조의 짧은 저고리는 속옷이 겉옷으로 된 것이라 할 수 있다. 1900년대의 백모시 삼회장저고리는 저고리 길이가 14.5센티미터로 극도로 짧고, 1930년쯤의 조씨댁 반회장저고리는 오늘날의 저고리 길이와 비슷한 25.26센티미터이다. 이러한 저고리 길이의 변화는 서양 복식에서 나타나는 유행의 반복 주기와 원리가 비슷하다.

그런데 독일의 박물학자 시볼트(1796—1866년)가 19세기 중엽에 그렸다는 '조선의 어부 일가'에서는 어부 부인이 매우 긴 저고리를 입고 있다. 조선 시대에도 삼국 시대와 마찬가지로 긴 저고리와 짧은 저고리가 공존하는 저고리 유행의 이중 구조를 볼 수 있다.

한편 조선 말의 짧은 저고리에는 '졸잇말'이 필요했다. 졸잇말은

1　남양 홍씨 황색 명주누비회장저고리는 목판깃이며 저고리 길이가 66 센티미터
이다. (1450년) 2　오대산 상원사에서 출토된 백초회장저고리이다. 소매는 흰색이고
섶은 엷은 청색이며 깃과 끝동은 아청색인데 깃은 목판깃, 길이는 52.4 센티미터이다.
(조선 초기) 3　경기도 과천에서 출토된 직금문단회장저고리이다. 목판깃이며 깃, 끝
동, 섶 회장이 화문직금단을 댄 유록색의 저고리이다. (조선 초기) 4　광해군의 비 궁중
유씨의 홍색 명주저고리는 반목판깃에 저고리의 길이가 78 센티미터이다. 옆트임이
고, 깃과 고름은 짙은 자색이다. (1609-1922) 5　궁중 유씨의 청삼은 반목판깃에 저고
리의 길이가 71 센티미터이다. 자주색 고름이며 옆이 트여 있다. (1620년대) 6　상류층
에서부터 서민에 이르기까지 두루 입었던 누비저고리이다. 길이가 42 센티미터이다.
(1700년대)

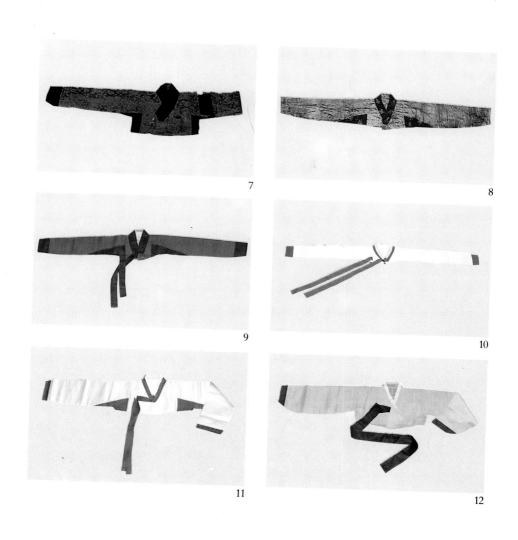

7 청연군주 황색 문단삼회장저고리는 당코깃이며 저고리의 길이가 27 센티미터이다. 직배래이며 통수이다. (1780년대) 8 경기도 화성군에서 출토된 수복문 금박저고리이다. 당코깃이며 소매는 곡배래로 변하고 있다. (1825-1909년) 9 지씨 증조모 연두 누비삼회장저고리는 당코깃이며 소매는 약간 곡배래가 되었고 저고리의 길이는 19.5 센티미터이다. (1890년) 10 백모시삼회장저고리는 동그래깃이며 길이는 14.5 센티미터로 극도로 짧아졌다. 삼회장은 진자색이다. (1900년) 11 관사 연두색 삼회장저고리는 동그래깃에 저고리의 길이가 22.5 센티미터이고 곁마기는 곡선이다. (1920년) 12 조씨 대모시 반회장저고리는 동그래깃에 저고리의 길이는 26 센티미터이고 남끝동 넓은 자주 고름이다. (1930년)

가슴의 성장을 억제시키기 위해 베로 만든 것이었다. 또 저고리 길이가 극심하게 짧아져 겨드랑이 살을 가릴 수 없을 정도가 되자 가리개용 허리띠가 등장하였다. 이 띠는 너비 한 자쯤으로 목면과 명주로 만들었고 겨울에는 솜을 두어 사용했다.

조선 시대에는 저고리 삼작이라 하여 속적삼, 속저고리, 저고리를 겹쳐 입는 것이 예의였다. 속적삼은 훗날 바느질법을 백이로 하여 백이적삼이나 모시적삼이라는 여름 겉옷을 탄생시키기도 했다. 속옷이 겉옷이 되는 현상은 복식 유행의 재미있는 예라고 하겠다.

여자 저고리는 계절마다 재료가 달랐고 겨울에는 저고리 위에 배자나 털가죽으로 속을 댄 갓저고리를 덧입었다. 또 배자를 여름에 멋으로 입기도 했다.

치마 치마는 저고리에 비하여 별다른 변화가 없었고 다만 길이와 넓이가 쓰임새에 따라 변했다고 볼 수 있다.

조선 시대의 치마는 신분을 표시하는 수단이기도 했다. 곧 양반 부녀의 치마는 넓고 길었으며 치마에 금직이나 금박을 놓은 스란단을 대었다. 일반 부녀는 민치마를 입었고 하속배는 두루치라는 치마를 입었다. 하천민들의 짧은 치마는 외국인의 눈에 기이한 풍속으로 느껴졌던지 명나라 사신이었던 동월은 「조선부」(朝鮮賦)에서 "하천한 사람의 치마는 종아리를 가리지 못한다"고 기록하였다. 두루치는 민치마보다 폭이 좁고 길이가 짧아 속바지가 보일 정도였다. 또 당시의 최하층 계급인 백정의 부녀에게는 치마 가장자리에 검은 헝겊을 달게 하여 일반 부녀와 쉽게 구분하였다.

조선 시대의 치마는 독특한 실루엣을 갖는데 속옷을 일고여덟겹 겹쳐 입어 둔부를 부풀렸기 때문이다. 많은 속옷을 덮으려면 폭 넓은 치마가 필요했을 것이고 이런 복식 유행의 흐름은 조선 후기 모든 여성의 복식 심리로 간주된다.

이인문(李寅文)의 미인도에서 보여 주는 여인의 수발 형태는 길고 큰 가체를 구름같이 얹어 웅장하고 우아하게 꾸몄다. 상의인 저고리는 조선 후기 출토 복식에서 보여 주듯이 당코깃에 저고리의 길이가 겨드랑이 살이 나올 만큼 짧다. 소매통은 좁고 좁아 팔에 피가 통하지 않을 정도라고 했고 하체는 극도로 강조하여 열두폭 치마에 잔주름을 곱게 잡았다. 그대로 하후상박의 복식미를 보여 주고 있다.

속옷 조선 시대 여자의 복식미는 하체를 부풀려 둔부가 마치 종을 엎어 놓은 듯한 형상이었는데 여기에는 앞에서 말했듯이 속옷의 역할이 컸다.

속옷에는 다리속곳, 속속곳, 바지, 너른바지, 단속곳, 무지기, 대슘치마 따위가 있었고 이들은 겉치마의 '페티코트' 역할을 했기 때문에 조선 시대의 속옷 문화는 차원이 높았던 셈이다. 특히 속바지류는 우리 민족의 전통을 이어받아 왔다는 데 뜻이 크다. 곧 삼국 시대에 겉옷과 속옷으로 두루 입던 바지가 조선 시대에 속옷으로 정착된 것이다.

조선조 여자들은 치마 밑에 다리속곳, 속속곳, 바지, 단속곳을 순서대로 입었다.

가장 밑에 입던 다리속곳은 계절에 관계없이 흰 목면으로 만들어 허리띠를 달아 입었다. 다리속곳 위에는 속속곳을 입었다. 이것은 부드러운 면이나 명주로 했고 여름에는 베나 굵은 모시로 했다. 바지의 종류도 속치마형 바지, 밑이 없고 양다리만 있는 남자 양복형 바지, 밑과 뒤가 트여 여미는 어린이 풍차바지형의 바지, 밑에 무가 두 개 있고 밑이 트인 여자 고쟁이형 바지, 가랭이가 상당히 넓고 밑이 막힌 단속곳형의 너른 바지, 밑이 막힌 개량바지, 밑이 트인 조끼 허리형 바지, 앞과 밑이 막히고 뒤의 엉덩이만 트인 바지, 허리 둘레로 돌아가면서 16개 정도의 창구멍이 난 안동 지방의 민속복, 살창 고장주의 등으로 아주 많다. 또 무릎 아래를 좁게 누벼 뻗치게 하거나 무릎 아래에 베나 모시를 대어 '페티코트' 역할을 하게 한 중동이 바지도 볼 수 있다. 아름다움과 기능과 실용성을 두루 갖춘 이들 속바지는 독특한 속옷 문화를 형성했다.

단속곳은 일반 부녀의 속옷 중에 치마 바로 아래에 입던 속옷으로 겉속곳이라고도 불렸으며 치마 사이로 보였다. 따라서 고급 옷감으로 치마만큼 신경을 쓰고 바느질도 정교하게 했다.

이 밖에도 궁중과 반가에서 예복에 입던 무지기(無足伊),대슘치마가 있었다. 3층으로 된 삼합 무지기부터 7층으로 이은 칠합 무지기까지 있었으며 무지기는 속치마를 아무리 많이 끼어 입어도 만족할 줄 모른다는 의미로 조선 시대 여성들의 속옷 심리를 잘 나타내 주는 말이다.

이런 속옷 풍속은 1920년대부터 단순화되어 다리속곳, 속속곳은 팬티 또는 블루머로 여자바지는 그대로 속바지로, 단속곳과 무지기는 속치마로 대치되었다.

청주 한씨 직금스란치마는 동자포도문을 직금한 스란을 달았다. 길이가 103 센티미터이고 넓이가 504 센티미터 되는 넓고 긴 치마이다. (조선초기, 위 왼쪽)
백모시무지기는 삼합무지기(三合無足伊)로 아무리 겹쳐 입었어도 만족할 줄 모른다는 뜻이다. 5층인 것은 오합무지기, 7층인 것은 칠합무지기라고 한다. (조선조, 위 오른쪽)
조선 시대 서민 여자가 입던 소색 명주치마이다. 길이가 100 센티미터, 넓이가 400 센티미터로 조선 후기에도 속옷이 간소화되기 전까지는 치마가 넓었음을 알 수 있다. (조선 말기, 아래)

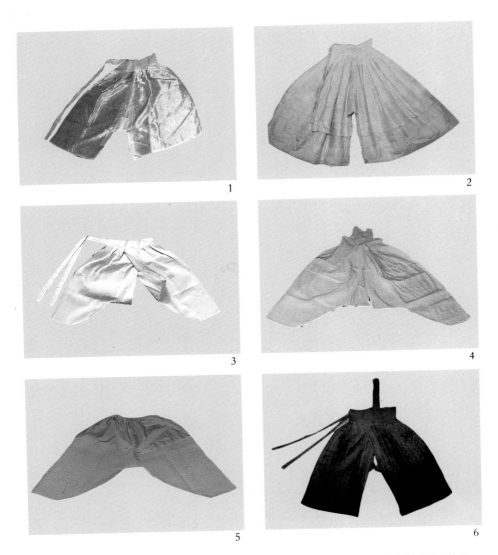

1 은조사 속속곳(1930년대) 2 명주너른바지(1700년대) 3 관사잔누비바지(1926년대) 4
인조겹바지(1930년대) 5 나이롱청색개량바지(1942년) 6 소색면누비바지(1640년) 7
삼팔단속곳(1930년대) 8 안동포깨끼바지(1930년대) 9 명주솜바지(1930년대) 10 생모시고
쟁이(1940년) 11 명주누비바지(1590년) 12 광목고쟁이(1940년)

7

8

9

10

11

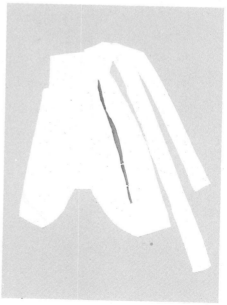

12

머리 쓰개 조선 시대는 '남녀 칠세 부동석'이라는 말이 드러내듯이 내외법이 강하여 그 어느 때보다 쓰개 종류가 발달하였다. 쓰개는 고려 때에도 '몽수'(蒙首)같은 이름으로 존재했었다. 전신을 덮을 만큼 길었던 것이 조선조에 들어와 길이가 짧아지며 '개두'(蓋頭)라 불렸고 후에 부녀가 쓰는 너울의 모태가 되었다. 고려의 몽수를 이어 여러 종류의 쓰개가 나왔는데 장옷, 쓰개치마, 천의, 삿갓 따위가 그것이다.

장옷은 두루마기와 같은 형태로 소매 끝동을 백색으로 대었고 깃, 고름, 겨드랑이의 삼각무를 다른 옷감으로 장식했다. 장옷의 앞 부분이 이마에 오도록 두른 뒤 양깃 끝에 달린 고름을 턱 밑에서 여며 주었다. 본디 장옷은 반가 부인이 많이 썼으나 일반 부녀의 사용도 늘어갔다. 제임스 게일은 「코리언 스케치」에서 "아줌마는 지금 예순 살이지만 아직도 거리에 다닐 때는 처녀 때와 마찬가지로 녹색 장옷을 입는다"고 기록하였다.

쓰개치마는 여자의 치마와 같이 만들어 뒷말기를 단 것으로 허리말기가 이마를 덮을 정도로 쓰고 양 끝에 달린 치마 끝을 모아 손으로 잡았다. 개성 지방에서는 쓸치마라 했고, 부녀자들은 옥색 옥양목 치마를 준비하여 쓰개치마 대신 쓰기도 했다. 천의는 하천민의 머리 쓰개였고 장옷보다 길이가 짧고 소매가 없었다. 또 추운 지방에서는 솜을 얇게 두어 방한용으로도 사용했다. 삿갓은 방갓형으로 경기 이북 지방에서 많이 썼는데 북쪽에서 삿갓이 외출용 쓰개로 쓰인 것은 남쪽과 달리 천이 흔하지 않았기 때문이다. 이 밖에도 겨울에는 아얌, 조바위, 남바위, 풍차, 볼끼, 굴레 같은 따뜻한 모자를 사용했다.

나월을 쓴 나인이다. (조선 중기, 위 왼쪽)
삿갓을 쓴 여인과 도포를 입고 갓을 쓴 남자이다. 혜원의 풍속화중 노중상봉이다. (위 오른쪽)
제주도 민속박물관에 소장되어 있는 조선 시대 말기의 배냇저고리 곧 창옷이다. 얼굴을
손으로 할퀴지 않도록 소매 길이가 길고 누워 있을 때 배기지 않고 또 수명장수하라는 뜻에
서 긴 실타래고름을 달았다. (아래)

장신구　장신구는 삼국 시대 전부터 존재하였는데 신석기 시대에는 장식과 아울러 주술적인 의미로도 사용되었다. 그러다가 점차 장식성이 강화되어 삼국 시대에 이르러서는 귀고리, 반지, 팔찌, 목걸이 같은 장신구가 기본 복식에 포함되었다. 이러한 장신구는 고려에 그대로 계승되었다. 그러나 조선 시대는 유교 사상의 영향으로 여자들의 부덕이 강조되었으므로 일반 부녀자의 몸치장에는 어느 정도 한계가 있었다고 하겠다. 곧 이러한 장신구의 사용은 상류층이 아니면 일반 서민의 경우 혼례 예복을 입을 때만 허용되었다. 그러나 기녀들은 일반 서민보다 장신구 사용에 제약을 덜 받았다. 조선 시대는 금과 은의 사용이 제한되어 삼국 시대의 찬란한 금속 장신구 문화에 견주어 오히려 쇠퇴하였지만 그 소박미와 정교성에서는 미의 극치를 이루었다.

귀고리는 귓볼을 뚫어 작은 고리를 꿰던 것으로 여자만이 아니라 남자도 사용하여 조선조 전반기까지 성행하였다. 그 후에 이 풍속이 본디 오랑캐 풍습이라는 이유로 선조 때 고치게 하였다. 귀고리를 다는 풍습은 또한 '신체 발부 수지 부모'라는 유교 윤리와도 어긋나는 것이었다. 그래서 남자의 귀고리는 거의 자취를 감추게 되었으며, 여자의 귀고리도 귀에 거는 귀걸이가 되었다. 귀걸이는 귓바퀴에 거는 것으로 귀고리에 비해 단조로와 오색술을 달아 보완하였다.

한편 반지는 칠보, 옥, 마노, 호박, 비취, 동 같은 것으로 만들어 계절에 맞춰 끼었다. 궁중과 반가에서는 10월에서 정월까지는 금반지, 2월, 3월, 4월과 8월, 9월에는 은, 칠보반지, 5월 단오에서 7월까지는 옥가락지를 끼었다. 대개 여름에는 옥 종류를 겨울에는 금속 반지를 끼었다.

패물은 몸에 차는 물건으로, 노리개와 주머니로 크게 구분된다. 패물은 허리띠에 찼기 때문에 요식(腰飾)이라고도 할 수 있다. 이것은 고려의 귀부인들이 허리띠에 금탁, 금향낭을 찼다는 것으로 증명

금, 은, 동, 칠보, 비취반지와 가락지이다. (조선조)

된다. 그 후 고려 후기에 저고리가 짧아지고 옷고름이 보편화되면서 패물은 허리띠는 물론 옷고름에도 차게 되었는데 이것이 바로 노리개이다. 그래서 겉고름, 안고름 또는 치마허리에 차서 우리 고유의 복식미를 한층 더 강조시켰다. 노리개는 화려하고도 섬세하며 또한 다양하여 궁중에서 평민에 이르기까지 모든 여자들이 즐겨 찼다.

대례복에는 삼작 노리개를 차고 명절이나 평상시에는 단작 노리개를 찼는데 상류층 부인들은 보석으로 만들어 후손들에게 물려주었으며 서민들은 보석이 귀하므로 아름다운 수를 놓은 수노리개로 복식미를 한층 돋보이게 했다.

노리개는 여러 가지 문양, 덕담의 문자를 새겨 장수와 복을 빌거나 액을 피하는 따위로 어떤 염원을 위해 차기도 했고 향갑, 향낭, 침낭, 장도와 같이 실용적인 면에서 찬 것도 있었다.

이 중 향갑, 향낭은 사향 등을 담은 주머니로 평소에는 향내음을 은근히 풍기고 급할 때에는 구급약으로 사용했다.

침낭은 바늘을 꽂아 두던 바늘집으로 부녀자들이 늘 사용하는 바늘을 손쉽게 찾아 쓰기 위해 만든 것이었다. 일반 부녀가 가장 많이 애용한 노리개 중의 하나였다.

장도는 부덕을 중시한 조선 사회에서 부녀의 절개를 상징하며 호신용으로도 사용하였다. 또 여기에 은젓가락을 매달아 음식 중의 독의 유무를 알아보는 데 사용하기도 했다.

우리 복식에는 주머니 역할을 하는 것이 없기 때문에 주머니는 실용적인 목적으로 만들어졌다. 주머니에는 주머니 둘레가 둥근 염낭(두루주머니)과 양 옆이 모가 나 있는 귀주머니가 있었다. 여기에 수를 놓고 매듭과 오색술을 달아 모양을 아름답게 꾸몄고 주머니의 재료, 색, 수의 유무 따위로 신분을 나타내기도 했다. 또 풍년과 평안한 생활을 기원하는 뜻에서 곡식을 태운 재를 넣은 주머니를 임금이 신하들에게 주었으며 이것은 하나의 연례 행사가 되었다.

매듭에 은침통, 고추, 가지, 도끼를 주제로 만든 삼작노리개이다. (조선조, 위 왼쪽)
은칠보귀걸이는 소박하면서도 우아한 정교미를 보여 준다. (조선조, 위 오른쪽)
장도는 조선조 여자들이 생명처럼 소중히 여겼던 정조를 지키기 위한 호신용 노리개였다.
밖에는 은젓가락이 달려 있어 음식에 독이 있는지 알아볼 수 있게 했다. (조선조, 아래)

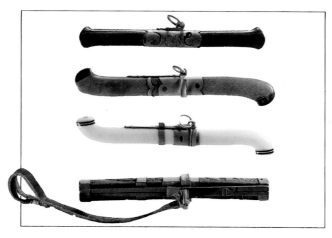

유아복

어린이 옷을 평상복, 명절복으로 나누어 알아보자.

평상복

아기가 처음 태어났을 때에는 어느 지방에서나 공통적으로 배냇저고리를 입혔다. 조선 시대의 풍속은 지금처럼 아기가 태어나자마자 바로 목욕을 시키지 않고 우선 쌀깃에 싸 두었다가 사흘이나 일 주일 뒤에 목욕을 시켰다. 따라서 배냇저고리는 신생아의 맨살에 직접 닿는 옷이므로 전체를 쌀 수 있을 만큼 긴 저고리였고 소매가 꽤 길었는데 이것은 어린이가 손으로 얼굴에 상처를 내지 못하게 하기 위해서였다. 배냇저고리는 깃, 섶, 고름을 달지 않고 고름 대신 무명실을 꼬아 여몄다. 여기에는 실처럼 장수하라는 기원이 담기기도 했지만 오랜 시간 누워있거나 업을 때 아이의 몸이 배기지 않게 하려는 과학적인 지혜가 담겨 있었다.

배냇저고리는 지방마다 약간 달랐는데 제주도의 배냇저고리는 본디 창옷이라 했고, 나주에서는 배알옷이라 했으며 함경도에서는 여든살까지 장수하라고 실고름을 여덟 가락으로 달아 주었다고 하며 또 아기에게 좋으라고 어머니의 무명 겹저고리를 뜯어 지어 주기도 했다. 전주 지방에 사는 이난초(84세) 씨와 박부쇠(80세) 씨는 백일이 되면 명이 길라는 뜻에서 백쪽의 헝겊을 이어 만든 백쪽저고리를 입혔다고 한다. 이 밖에 배를 항상 따뜻하게 해 주기 위해 배두렁이를 입혔다. 또 기후가 찬 북쪽 지방에서는 배냇저고리 위에 두렁치마를 입혔다. 두 폭 또는 세 폭쯤의 무명이나 명주로 어른 치마처럼 만들어 입혀 보온의 효과를 주었다.

신생아 시기가 지나면 스스로 용변을 가릴 수 있는 네다섯 살 때까지 남녀 모두에게 풍차바지를 입혔다. 이것은 뒤쪽이 터지게 양쪽 마루폭에 밑을 각각 달았으며 양편에 두 개의 끈을 달아 뒤에서 여민 다음 그 끈을 앞으로 모아 매어 주도록 했다. 무명이나 명주를 분홍, 보라, 옥색으로 염색해 입히기도 했고 겨울에는 솜을 얇게 두기도 했다. 풍차바지 위에 입히는 저고리는 세탁하기 쉽게 대개 누벼서 만들었다.

명절복

명절이 되면 어린이들에게 때때옷이라 하여 새 옷을 지어 입혔다. 돌 때에는 색동저고리, 풍차바지, 까치두루마기, 돌띠, 타래버선을 때때옷 일습으로 입히고 머리에는 굴레를 씌웠다. 설날에 입히는 때때옷은 설빔이라고도 했다. '빔'은 '비음'의 준말로 꾸밈과 멋 그리고 옷치레를 예절의 근본으로 여겼던 우리 고유의 전통에서 나온 말이다.

남아의 때때옷은 색동저고리와 풍차바지, 까치두루마기였다. 갑오경장 이후에는 이 위에 전복을 입고 머리에 복건을 쓰는 것이 크게 유행하였다. 또 여아는 색동저고리, 다홍치마에 제비부리댕기로 단장시켰다.

때때옷의 대명사로 불리는 색동저고리는 여러 색 헝겊을 이어 붙여 만든 옷이다. 액을 면하고 복을 구하기 위해 음양 오행설에 따라 붙인 것이라고도 하고 승려의 자녀를 구별하기 위해 만든 것이라고도 한다. 그러나 옷감이 귀했던 그 때의 상황에 비추어 색동저고리는 부녀들의 생활의 지혜에서 나온 옷이라 하겠다.

어린이 옷으로 고두막저고리가 있었다. 이것은 황해도 근방에서 많이 입었는데 붉은색 모직물을 은행잎 모양으로 오려서 둘레에 검정 수실로 선을 두른 뒤 그 안에 연꽃을 수놓아 저고리 뒷솔 깃 밑에 붙이는 것과, 그 것을 천도 모양으로 오려 검정 수실로 선을 두른 뒤 그 안에 모란꽃을 수놓아 저고리의 어깨솔 깃 밑에 붙이는 것이 있었

여아의 돌복은 홍치마에 색동저고리를 짓고 회장에 은박을 하였다. 붕어수삼작노리
개를 달고 조바위를 씌웠다.

분홍 바지저고리에 남조끼를 입히고 문덕이 높게 되라는 의미에서 홍색 마고자를, 동생은 연두길에 색동 마고자를 설빔으로 만들었다.

색동마고자 돌이나 명절에는 어린이들에게 때때옷이라 하여 새옷을 지어 입혔다. 어린이 돌복인 색동저고리, 풍차바지, 까치두루마기, 돌띠, 타래버선 등으로 된 때때옷 일습을 입히고 머리에는 굴레를 씌우는데 이 색동마고자는 색동을 소매로 하여 남아 설빔으로 지었다. 색동옷의 유래에 대하여는 액을 면하고 복을 받기 위하여 음양오행설 오방색〔五方色 : 靑(동쪽), 黃(중앙), 赤(남쪽), 白(서쪽), 黑(북쪽)〕을 이어 붙인 것이라고 하여 승려들이 그들의 자녀를 구별하기 위하여 입힌 것이라고도 한다.

오방장두루마기 이 두루마기는 길, 무, 섶, 고름, 안섶이 오방색(청, 황, 적, 백, 흑)으로 구성된다. 여기에 소매를 색동으로 하여 까치두루마기라고 부르기도 한다. 남아의 돌 때부터 10세 전후까지 많이 입혔다.

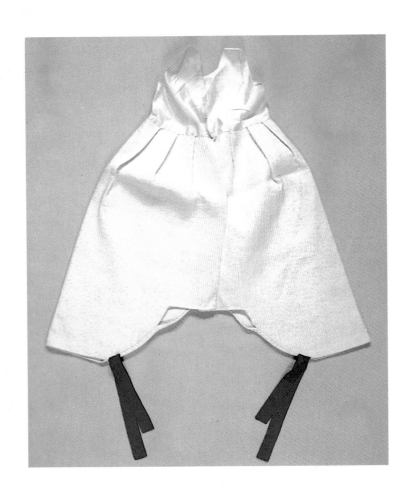

잔누비 풍차바지(왼쪽), **생초 풍차바지**(오른쪽) 풍차바지는 신생아 시기가 지나고
스스로 용변을 가릴 수 있는 네다섯 살 때까지 남녀 모두에게 입혔던 바지이다. 이
유품은 영친왕가 복식으로 진(晋)왕자가 어렸을 때 입었던 옷이다.(김영숙 저「조선
말기 왕실복식」에서 재인용)

다. 그 밖에 돌띠에 수를 놓아 고름으로 달고 저고리 길에도 수를 놓은 꽃저고리도 있었다.

남아의 색동저고리 위에 입던 까치두루마기는 각 부분을 오방색에 맞추어 만들었기 때문에 오방장두루마기라고도 했다. 곧 소매는 색동, 길은 연두, 무는 자주, 섶은 노랑, 깃과 고름은 남, 안은 꽃분홍으로 하였다. 여기에는 돌띠를 매었는데 돌띠는 남아는 남색, 여아는 자주색으로 하였다.

돌띠에는 아기의 장수를 기원하는 뜻에서 여러 가지 장생 무늬를 수놓고 여러 곡식을 담은 염낭을 세 개에서 아홉 개 달아 주어 부를 기원했다. 이 돌띠 풍속은 상류층에서 붉은 비단으로 만들어 의복에 묶던 금신(錦紳)과 형태가 비슷한 것으로 미루어 서민의 상향성 복식 심리가 빚어낸 한 예로 보인다.

갑오경장 뒤에는 두루마기 위에 전복을 입혔는데 주로 남색실로 했고 고대 진동 단에는 금박을 하였다. 금박에는 문양말고도 인, 의, 예, 지, 효, 제, 충, 신 같은 글자로 덕담을 찍어 주기도 했다. 전복에는 반드시 검은 천으로 된 복건이나 호건을 머리에 씌웠다.

박규수의 「거가잡복고」에 따르면, 동자는 가죽띠를 하고 미혼녀는 사대패용취라 하여 실띠에 향수 주머니를 달고 미혼 남녀의 띠는 붉은색, 푸른색의 가죽이나 비단이었음을 알려 준다. 또 그는 미혼남녀는 모두 유색옷을 입으며 총각(總角)을 갖추고 붉은색 금신에 향수병을 찬다고 기록하고 있다. 또 「한정당집」(閑靜堂集) '동자상복조'에도 동자는 시마복(媤麻服)이 없다고 하여 미혼 남녀는 소색 옷을 안 입히고 곱게 물들여 입혔음을 알 수 있다.

명절복에는 타래버선을 신겼다. 이것은 솜을 넣어 누빈 버선으로 버선볼에 불로초나 석류 등 길상 무늬를 수놓고 버선코에는 다홍실로 술을 달았다. 또 버선이 벗겨지지 않게 버선목에 끈을 달았는데 남아는 남색이고 여아는 붉은색이었다.

평생도 풍속화에 나타난 어린이 옷을 보면 양반집 아이는 바지, 저고리 위에 백색, 옥색, 녹색, 홍색, 유록색 창의를 입거나 그 위에 전복과 복건을 착용했다. 서민층 아이는 두루마기 없이 동저고리 곧 저고리와 바지 차림으로 주로 나타나는데 옆을 트고 길이를 길게 하여 활동을 편하게 하였다. 여자 아이는 다홍치마에 노랑 회장저고리가 가장 흔하고 연두, 분홍, 남, 녹, 색동을 다양하게 배색하여 입혔다. 그 전통 배색은 높은 조화미를 보인다.

기녀복

우리나라의 기녀 제도는 고구려의 유녀(遊女)에서 비롯되어 관료 체제가 갖추어짐에 따라 관기가 전국 관아에 배치됨으로써 정착되었다. 따라서 기녀의 역사가 천 년에 가까운 셈이다. 이러한 사실은 김동욱의 「이조 기녀사 서설」(李朝妓女史序說)에 자세히 나와 있으며 여기에서는 기녀의 복식이 어떻게 우리나라 여성 복식에 영향을 끼쳤는가를 탐색하고자 한다. 이런 예는 다른 나라 복식사에서도 찾아 볼 수 있다.

조선 시대의 기녀

기녀는 정확한 기록이 남아 있지는 않지만 무녀(巫女)에서 비롯되었다고 한다. 곧 무녀가 신으로 떠받들렸던 원시 신권 사회가 무너지면서 무녀가 지방의 세력가와 결합하여 매춘부가 되었다는 것이다. 또한 「후한서」와 「수서」의 기록에 따르면 고구려에서 유녀가 생겨났다고 한다. 지방에서 일어난 고구려가 다른 여러 부락의 부족을 정벌하여 자리잡을 때에 피정복 부락의 부녀자가 유녀로 전락한 것이며 고구려 벽화에 남아 있는 무용도는 이런 유녀의 무녀화를 시사해 주

주립(朱笠)에 홍천릭을 입고 남전대를 띠고 춤추는 무녀이다. 녹색 장옷을 쓴 구경
꾼 여인도 보인다. 혜원의 풍속화 가운데 무녀신무(巫女神舞)이다. (조선 후기)

는 것일지 모른다. 「삼국사기」 '신라 본기 진흥왕조'에 보이는 원화
제도와 천관녀 고사(天官女故事)도 그러한 싹으로 볼 수 있을 것이
다. 백제에도 부여성을 방어하는 군단이 배치되었던 곳에 '꽃쟁취'
라는 유녀가 있었다는 전설이 있다. 아무튼 유녀 제도가 계속되어
우리의 사회사에 커다란 영향을 주었다. 그러나 유녀와 관기로서의
기녀는 다르다고 볼 수 있다.

　유녀가 관기가 된 것은 중앙 집권이 정착한 고려 때부터이다. 고
려 때에 여비를 훈련하여 교방을 만들고 관아의 여악(女樂)에 등장
시켜 여러 악기를 연주하였다. 고려에는 제도화된 기생말고도 많은
매춘부들이 있었으리라고 하는데 「후주서」에 나오는 고구려의 유녀
집단이 그대로 이어진 것으로 보인다.

봄나들이 나온 기녀들이다. 얹은머리에 황의청상, 백의청상을 입었는데 모두 반회장
이다. 남자는 백색 바지에 홍색이나 백색 배자를 입고 귀주머니를 찼으며 백색 창의
에 흑립을 썼다. 혜원의 풍속화 가운데 연소답청(年少踏靑)이다. (조선 후기)

　조선조에서도 기녀 외에 유녀 집단이 계속되어 유녀금론이 대두
되기도 했다. 조선 시대에 기녀는 원칙으로 관기를 말하는데 관기
는 경기(京妓)와 지방기(地方妓)로 나누어졌다. 지방기 중에서 자색
이 뛰어나고 재주가 있으면 경기로 선발될 수 있었다.
　경기에는 내의원 혜민서에 의녀가 있었고 공조상의원에 침선비
가 있었다. 침선비는 상방기생 또는 선상기라고도 불렀으며 왕과
왕비의 의복을 짓는 일을 하였다.
　의녀는 보통 기녀와는 달리 궁중에서 비빈 내인들의 진료에만 종
사하였다. 그 후 연산조에 들어와 의녀에게 연악(宴樂)과 가무를 가
르쳐 일반 관기와 함께 연유에 참석시켰으며, 혼수 사치로 빚어지는
납채혼수품을 조사하기도 했다. 나중에 의녀의 연유 참석을 금지시

키고자 했으나 잘 시행되지 않아 조선 말엽까지도 진료와 가무를 병
행하였다. 의녀의 복식은 「경국대전」, 「대전속록」에 경기와 같게 한
다고 나와 있는데 이로 미루어 성종 16년까지는 의녀 복식이 따로 있
다가 성종 말부터 기녀와 동일하게 되었음을 짐작할 수 있다.

　사가에는 조선 중엽까지 창가비라 하여 성비(聲婢)와 가비(家婢)
가 있었다. 이들은 사가에서 가무를 가르쳐 기르는 방법이 있었고 관
기를 거두어 성비로 만든 뒤 기첩 이하로 대우하는 경우가 있었다.
기녀의 신분은 관아에 예속된 노예로 세습되었고 일단 기적에 오르
면 딸이나 조카를 대신 기생으로 들여보내거나 속량되는 경우말고는
한평생 빠져나올 수 없었다.

　기녀는 대개 열다섯 살부터 쉰 살까지 있는데 나이 어린 기생을 동
기라 하고 나이 든 기생을 노기(老妓)라 하였다. 열다섯 살에 기생
명부에 오르면 교방에서 음률을 익혔다. 일정한 교습이 끝나면 행수
기생의 엄한 제재를 받았으며, 방기(房妓)를 위시하여 기생 안배를
호장이 하였으므로 아전과 기녀는 뗄 수 없는 관계를 맺게 되었다.

　유교 윤리와 남성 중심의 조선 사회에서 기녀들은 남자에게 해어
화(解語花)로서 사랑을 독차지하기도 하고 도덕군자들에게 백안시당
하기도 했다. 그들은 노래를 통해 서민의 소리와 정경을 솔직히 대변
하기도 했으며 때로는 희극의 주인공으로 등장하여 조선 사회의 뒤
안길을 수놓기도 했다. 이런 가운데서도 기생이라는 신분을 넘어 열
녀 행실을 한 논개와 계월향이 있고, 홍랑과 만향처럼 지식이 뛰어나
거나 효성이 지극해 기적을 면한 기생도 많다. 기녀는 조선 시대를
통틀어 공식적으로 삼만 명이나 있었으므로 그들의 생활이 당시의
일반 생활 문화에 커다란 영향을 끼쳤음은 당연한 일이라 하겠다.

기녀의 복식 사치

　경직된 유교 윤리 아래서 기녀는 남자들의 눈을 즐겁게 하는 대상

이었으므로 양반들의 사치 금지 조항을 웃도는 이례적인 예외가 허용되어 그들의 복식 또한 매우 사치하였다.

기녀의 복식을 옛 문헌과 풍속화를 통해 알아봄으로써 이들의 의생활이 일반 사회와 어떠한 관계가 있었는지를 살펴보자.

의복　조선 초기와 중기의 자료는 빈약하여 알 수 없으나, 조선 후기의 풍속화에 나타난 복식을 보면, 기녀복은 서민층의 의복과 기본 구조가 같다. 다만 의상의 색이나 입는 방법, 장신구 따위에서 좀 차이가 있었던 것은 확실하다. 따라서 기녀복의 사치스러운 특징은 의복의 질감, 색상, 장신구 착용법 들에서 찾을 수 있을 것이다.

「태종실록」과 「세종실록」에 보면 기녀복의 옷감은 창기라도 모두 능라비단이었다. 기녀는 비단 사치뿐만이 아니라 가죽신과 노리개까지도 허용되었다. 또 기녀복의 색상은 국빈을 대접하는 향연에서 흑색이었고 대궐에서의 가무를 맡은 정재의 복색은 붉은색이었다는 기록이 있다. 그런데 색에 대한 규제는 매우 심해서 창기가 흑색이 아닌 회색을 입었다 하여 무대(舞隊) 책임자가 의금부에 구금되었다는 기록이 있다. 색에 대한 규제가 심하기는 했지만 장삼이 허용되고, 약방기생에게는 예복으로 녹의홍상에 큰머리를 하고 고름에 침통을 찰 수 있는 파격적인 대우를 하기도 했다.

이러한 복식 사치는 조선 초부터 있어 「태종실록」에 궁녀와 상기 외에 서민 부녀와 종비와 천예는 다만 세포와 몽두리를 입게 하고 나사단자와 입모와 말군은 허용치 않았고, 상기(上妓)도 입모를 허락치 않음으로 존비를 가르게 하라는 기록으로 보아, 조선초 기녀에게 말군을 허용했음을 알 수 있다. 말군은 기녀에게는 금지된 것으로 궁중에서도 비빈에서 기행나인까지만 착용할 수 있었던 옷이다.

조선 사회에서는 기녀의 호화스러운 옷차림에 퍽 관대했던 듯하다. 서민 부녀와는 달리 반회장저고리를 입을 수 있었고 '평양감사

환영도'에서도 기녀가 삼회장저고리를 입고 있다.

기녀들은 옷 입는 법이 약간 달라 속곳이 노출될 정도로 입었다. 곧 일반 부녀와 달리 저고리 길이를 유난히 짧게 하여 흰치마허리가 많이 나오도록 하였다. 속에 입은 십여 가지의 속곳을 덮기 위해 치마 폭이 넓었으며 율동미를 주기 위해 상당히 길고 넓었다. 의복을 이렇게 입은 것은 모두 남자의 눈을 끌고자 하는 심리와 관계된 것이다. 그래서 기녀의 속곳은 분명히 속옷이면서도 치마 밑으로 노출되기 마련이었고 화려하게 비단으로 해 입었기에 이것 역시 기생에게 허용됐던 의복 사치의 한 예라 하겠다. 기녀의 속옷에서는 십여 가지

거대한 가체를 달아 얹은머리를 틀어올리고 있는 기녀는 황의청상삼회장을, 서 있는 기녀는 녹색 회장저고리에 청색 치마를 입었다. 유운홍의 풍속화 가운데 기녀이다. (조선 후기)

를 속속들이 입으려는 폐쇄와 의도적으로 속옷을 치마 밑으로 보이려는 노출의 이율 배반적인 복식 심리를 엿볼 수 있다.

수복 수복은 머리의 모양과 머리를 아름답게 꾸미고 돋보이게 하기 위한 장식과 외출 때 사용한 쓰개 따위를 모두 포함하는 말이다. 우선 기녀의 머리 모양을 보면 영조의 부녀 발제 개혁(婦女髮制改革)이 있기 전까지는 얹은머리였다. 얹은머리는 삼국 시대부터 전해 내려오던 것으로 긴 머리를 땋아 머리 둘레에 올려 빗고 가발을 더하여 머리를 크게 한 것이다. 그 당시 가체와 머리 장식의 사치가 극심하여 사회 문제가 될 지경이었다. 가체의 사치는 기녀들뿐만이 아니라 양반 부녀층에서도 유행하였다. 이덕무의 「청장관전서」에 보면 가체는 말이 떨어지는 듯한 형상을 한 거대한 가발 위에 웅화관, 법랑잠, 진주수를 장식함으로써 머리 치장에 드는 돈이 자그마치 칠팔만 냥에 이르렀으며, 열세살 난 며느리가 자기가 치장했던 가발이 얼마나 크고 높았던지 방에 들어서는 시아버님을 보고 갑자기 일어서다 가발에 눌려 목뼈가 부러졌다고 하였으니 가발 사치의 심각성을 알 만하다. 따라서 영, 정조 때 이것을 개혁했다. 특히 정조 때는 각 궁방의 수사리, 의녀, 침선비와 각 영읍 기녀들은 자기 머리칼로 머리를 얹은 뒤 가리마를 쓰게 하였다. 내의녀는 단으로 하고 나머지는 흑삼승으로 만들어 구별하였다. 가리마는 가체의 낭비를 막기 위해 고안한 것이었고, 후에 화관으로 대체되어 궁중 내연에 출연하는 기녀들이 사용하였다.

조선 시대의 기녀는 쓰개로 전모를 사용하기도 하였다. 곧 얹은머리 위에 검자주색천이 둘러쳐진 육각형에서 십각형의 전모를 썼다. 전모는 상류층에서 쓰던 것으로 평양과 해주의 기생들은 외출할 때 대노립으로 얼굴을 가리고 다니기도 했다. 그 밖에도 기녀들은 장옷, 쓰개치마, 천의 따위를 모두 착용할 수 있었다.

기녀는 장신구도 예외적으로 많이 허용되었다. 남자들이 바라던 양반 부녀는 얄팍한 미모보다는 후덕함이 앞섰기 때문에 양반 부녀의 몸치장에는 한계가 있었을 것이다. 그러나 기녀에게서는 점잖은 부인에게서 느낄 수 없는 표면적인 미모를 남자들이 찾았기 때문에 기녀들은 장신구에 제한을 받지 않고 마음껏 사치했을 것이다. 기녀의 장신구 사치는 「춘향전」에 나오는 금봉채, 옥비녀, 은죽절, 밀화장도, 옥장도, 자적댕기, 도투락댕기 같은 데에서도 찾아볼 수 있다. 동월이 쓴 「조선부」에서는 귀를 뚫고 장식을 다는 요괴스런 풍속과 반지, 노리개의 사치를 말하고 있다. 조선 중기에 나온 「정리의궤」의 동기 복식도에 합립, 유소, 단의, 홍초말군, 홍라상, 금화라대가 보이고, 검무 복식에서는 동기들이 무관이 입는 전복에 전립을 하고 검을 든 화려한 모습을 하고 있다. 기녀가 동기 때부터 갖가지 비단과 색에 제한이 없는 복식 사치를 누렸음을 알 수 있다.

한편 기녀의 사치는 장신구뿐만이 아니라 신발에도 나타났다. 조선말에 기녀가 난교를 타고 안경을 걸치고 수혜(수를 놓은신)를 신자 대원군이 판여에 흑혜를 신도록 하였다는 기록도 보인다.

기녀의 사치한 복식이 미친 영향

기녀는 남자들과 자유 분방하게 어울렸으므로 완고한 조선 사회에서는 여덟 가지 천한 것의 하나로 일반 부녀의 손가락질을 받기도 하였다. 그러나 그 때의 기녀는 단순히 매음부가 아니라 가무에 능하고 식견이 높으며 화려한 복식으로 자신의 수려한 자태를 뽐내며 당당하게 남성 양반 사회에 뿌리를 박고 있었다. 따라서 일반 서민 여자들은 자기들이 혼례 때나 누릴 수 있는 복식 사치를 기녀는 한평생 누릴 수 있다는 점에서 또 자유가 거부된 채 안방에 유폐된 양반 여자들의 처지에서는 기녀들이 자유 분방하다는 점에서 각각 선망의 눈으로 기녀를 바라보았을 것이다.

자신이 부러워하는 대상을 모방하려는 인간의 심리는 어느 때나 마찬가지이다. 따라서 일반 부녀들이 기녀의 모습을 닮아 보려는 심리는 당연한 것이었고 기녀의 사치한 복식이 자연히 규방의 깊숙한 곳에도 침투되어 조정에서 논란되기에까지 이르렀다. 이를테면 반가의 부녀가 기녀들처럼 말군을 입지 않았다가 예관에게 기녀로 오인되어 화를 당하기도 했으며, 창기가 입던 광고를 조선 말엽에 양반 부녀들이 착용하게 되었고 궁중 내연에서 춤추는 기녀가 쓰던 화관이 발제 개혁 이후 반가 부녀의 머리 장식품이 되기도 했다.

기녀의 사치한 복식을 닮아가려는 일반 부녀의 심리는 부분적인 모방에서 점차로 범위가 넓어졌다. 「청정관전서」에는 "지금 세상의 부녀 옷은 저고리는 너무 짧고 좁으며, 치마는 너무 길고 넓으니 의복이 요사스럽다. 옷깃을 좁게 깎은 적삼이나 목을 팽팽하게 붙인 치마는 요사스럽다. 옛날 여자 옷은 넉넉하게 만들었기 때문에 시집올 때 입었던 옷을 소렴 때 쓸 수 있었다. 산 사람, 죽은 사람, 늙은 사람, 젊은 사람이 체격이 같지 않으니 그 옷이 좁지 않았음을 알 수 있다…. 대저 복장에서 유행이라 부르는 것은 모두 창기들의 아양 떠는 자태에서 생긴 것인데 세속 남자들은 그 자태에 매혹되어 그 요사스러움을 깨닫지 못하고 자기의 처첩에게 권하여 그것을 본받게 함으로써 서로 전하여 익히게 한다. 아, 시체(時體)가 닦이지 않아 규중 부인이 기생의 복장을 하도다. 모든 부인들은 그것을 빨리 고쳐야 한다"고 하여 기녀들의 복식이 반가의 깊은 내중에 침투되었음을 개탄하였다.

이런 기록에서도 볼 수 있듯이 기녀의 복식 사치가 부녀들에게 미친 영향이 대단했으려니와 그것이 남자들의 복식 심리마저 자극하여 기녀의 사치한 복식을 바람직하게 생각하게 함으로써 기녀 복식이 조선 시대의 여성 복식을 전반적으로 이끌어 갔다. 조선 후기의 여성 복식 풍속은 양반 복식을 입으려는 이상에서 천민 계급인 기생 복식

을 선망하는 방향으로 점차로 변화했으며 상향성에서 하향성으로 복
식 심리가 전환해 온 모습을 보여 준다.

관혼상제의 복식

　　우리 복식의 예의관은 관혼상제 복식에서 뚜렷이 드러나는데 그것은 우리 민족이 예를 숭상한 민족이기 때문이다.

　　조선 시대의 관혼상제는 누구나 한 번은 거쳐야 할 통과의례였다. 이 중 관례는 양반 중심의 의례로 일반 서민과는 다소 거리가 있었으나 혼례, 상례, 제례는 서민들도 반드시 치러야 할 의례였다.

　　관혼상제는 본디 중국에서 비롯되어 우리나라에는 고려 말에 전해졌지만 제례에만 약간 영향을 끼쳤을 뿐이고 조선 초기의 「가례집람」(家禮輯覽)과 조선 후기의 「사례편람」(四禮便覽)을 견주어 볼 때 중국과는 다른 독특한 한국의 의례가 정립되었음을 알 수 있다.

　　유교를 정치 이념으로 삼은 조선은 관혼상제를 국법으로 규정함으로써 일반 생활에 깊숙이 자리잡게 되었으며 수신제가의 근본이 되었다.

　　조선조에서는 중국의 가례를 받아들여 우리의 고유한 풍속으로 정착시키고자 했으나 절차가 매우 까다로와 그대로 지키기가 어려웠다. 그래서 우리의 풍속과 생활 형편에 맞게 변화시켰는데 여기에서는 일반 실생활에서 치러진 사례 풍속과 이에 관련된 복식을 알아보고자 한다.

관례

관례는 성인식이라 하여 남자는 처음 관을 쓰고 여자는 처음 비녀를 꽂는 의식을 말한다. 남자의 성인식을 관례, 여자의 성인식을 계례라고 했으며 그것을 통틀어 그냥 관례라 했다. 조선 시대에 관례는 열다섯 살에서 스무 살 사이에 치렀지만 조혼 풍속으로 연령이 낮아졌다.

우선 남자의 관례를 보면 정월이나 4월에 택일하여 치르게 되어 있었으나 실제로는 혼례를 앞두고 하는 것이 더 일반적이었다. 관을 쓸 사람을 관자라 하며 쌍상투, 사규삼(四揆衫), 늑백(勒帛), 채리(彩履)의 차림으로 있다가 초가, 재가, 삼가의 세 절차를 밟아 관을 썼다. 이 때에는 관례를 주관하는 빈과 빈을 돕는 찬이 관례를 진행하였다. 빈은 덕망있고 복이 있는 어른으로 하고 찬은 상투를 잘 트는 어른으로 했다.

가례마다 의관을 바꿔 입어야 했는데 절차가 복잡하고 비용이 많이 들어 대개는 초가례로 관례를 대신하였다. 초가례에서는 관자에

조선 말기의 관례복 차림이다. 초가, 재가, 삼가의 의관이 합쳐져서 간소화된 모습을 보여 준다.

게 상투를 틀어 주고 심의(深衣), 복건, 대대(大帶), 이(履)로 의복을 바꾸어 입혔다.

재가에서는 초립, 조삼(皂衫), 혜를 착용하고 삼가에서는 복두, 난삼(襴衫), 화(靴)를 착용한다. 간소화된 관례는 지방과 가문에 따라 달라서 관복이나 도포를 착용하기도 했다.

여자의 성인식인 계례는 열다섯 살 때 치르게 규정되었지만 대개는 혼인날 아침에 치렀다. 따라서 혼인과 관계 없이도 치러졌던 남자의 관례와 달리 여자의 계례는 반드시 혼인과 연관된 것임을 알 수 있다. 계례는 계빈과 계자의 어머니가 진행하였다. 계례하지 않은 계자는 삼자(衫子)를 입은 후 화관, 비녀, 빗 들을 준비하였다가 계자의 머리를 쪽짓고 댕기로 싸서 화관을 씌운 뒤 비녀를 꽂아 주었다. 이 과정이 끝나면 계자에게 자(字)를 지어 주었다. 쪽을 지은 다음에는 속속곳, 바지, 단속곳, 두루치기, 속적삼, 속버선 같은 속옷을 입고 분홍 저고리, 노랑 겉저고리에 다홍 치마를 입고 당의를 입는다.

관례 풍속은 조선 말까지 그 명맥이 이어졌으나 갑오경장 때에 단발령으로 없어지게 되었다. 한편으로 혼인 전날에 치러짐에 따라 혼인식이 곧 성인식이라고 인식되었기 때문이기도 하다.

혼례

혼례는 의혼, 문명, 납길, 납징, 청기, 친영의 육례로 이루어지는 것이 원칙이었다. 그러나 그 절차가 복잡하여 헌종 10년(1844년)에 의혼, 납채, 납폐, 친영으로 간소화시켰다.

의혼은 혼인 상대를 구하여 혼인을 합의하는 과정으로 남자는 열다섯 살 이상, 여자는 열두 살 이상이면 의혼을 할 수 있었다.

양가에서 혼인이 합의되면 신랑의 사주를 적어 신부집에 보냈는데 이를 납채라 했다. 사주를 받은 신부집에서는 혼인날을 정해 신랑집에 적어 보냈다.

혼인날이 정해지면 신랑집에서 혼서와 혼수를 담은 함을 신부집에 보냈는데 이를 납폐라 했다. 이 중 혼서는 정식으로 예를 갖추어 혼인했다는 증거인 동시에 일부 종사의 절개를 상징하는 것으로 여자가 일생 보관했고, 죽은 뒤에 관에 넣어 주는 것이 그 때 풍속이었다. 또 혼수는 대개 청, 홍의 비단 치마저고리 한 벌씩이었는데 청색 비단은 붉은 종이에 싸서 청색 명주실로 매었고 홍색 비단은 청색 종이에 싸서 홍색실로 묶었다. 함에는 이것 외에 씨가 있는 목화송이와 팥을 넣은 주머니를 넣어 자손 번창을 기원했다. 함은 혼례 전날밤에 함진애비가 등불을 앞세우고 가져왔고 신부집에서는 대청에 자리를 깔고 떡 한 시루를 준비해 함을 받았다.

친영은 신랑이 신부집에서 혼례를 올린 뒤 신방을 치르기까지의 과정이며, 신방을 치른 다음날이나 사흘 후에 신랑 신부가 신랑집으로 갔다. 이를 우귀 또는 신행이라 했다. 예전에는 달묵이, 해묵이라 하여 몇 달 또는 일 년 뒤에 가는 경우도 있었으나 사흘 만에 가는 것이 가장 흔했다.

신랑집에 도착하여 신부는 시부모께 인사를 드리게 되는데 이 때 친정에서 마련해 온 대추, 밤, 술, 약포 등으로 폐백상을 차렸다. 시댁에서 새사람으로서의 예를 치른 신부는 사흘 또는 일 주일 뒤에 신랑과 함께 친정으로 갔다. 이를 재행이라 하고, 대개 사흘 동안 머물며 처가 친척과 마을 어른께 인사를 다녔다. 다시 시집으로 돌아가 시집살이를 하다가 추수가 끝나면 햇곡식으로 음식을 마련하여 친정을 찾았는데 이것이 근친으로 이틀이나 사흘 동안 머물렀으나 집안이나 지방에 따라 일 년 또는 첫 아이를 낳을 때까지 살기도 했다.

기산 풍속화에 보이는 길쌈하는 여인들의 치마저고리 배색을 보면 씨아질하는 여인은 황의청상이고, 솜 타는 여인은 적의청상, 고치 마는 여인은 녹의황상, 물레질하는 여인은 백의청상, 꾸리 감는 노인은 황의백상, 베짜는 여인은 황의청상이며 모두 얹은머리를 하였다.

기술이 발달했다.

통일신라 시대로 오면 고급 직물로 삼베 30 승포와 40 승포, 모시 30 승포를 당나라에 보내기도 하였다. 또 두 자 넓이인 광폭의 명주 7보를 당나라에 보냈다고 한다.

고려 시대 서긍은 모시를 일컬어 "깨끗하기가 옥과 같다"고 극찬하였고 「고려사」'충렬왕조'에는 "가늘기가 매미 날개같고 꽃무늬가 있었다"는 기록이 있다. 공민왕 13년 (1364년)에 문익점이 중국에서 목화씨를 가져 옴으로써 무명이 생산되기에 이르렀다.

조선조에서는 무명을 유구국(오키나와)에까지 수출할 정도였고 삼베, 모시, 명주, 무명 같은 길쌈이 발달하여 복식 문화에 크게 기여하였다. 충남 부여의 '모시두레', 경북 영주의 '돌개삼'같은 공동 길쌈의 풍속이 있었고 '물레잣기'와 '무명잣기'를 할 때에도 동네 아낙네들이 어느 한집에 모여 두레잣기로 하여 능률을 올렸다.

여자들은 열 살도 되기 전에 길쌈을 익혀 평생 숙명처럼 베틀과 씨름해야 했다. 그래서 그 고달픔을 잊고 태만을 경계하기 위하여 길쌈을 하며 '삼삼기 노래', '물레타령','베틀가' 같은 노래를 지어 불렀다. 이런 노래는 내방 문학의 하나로 전해져 오며 길쌈과 조선 여자들의 밀접성을 짐작케 한다.

길쌈한 삼베를 보면 지방에 따라 이름이 다른데 함경도산을 '북포', 경북산을 '영포', 강원도산을 '강포'(江布)라 하고 또 경북 안동산을 '안동포', 전남 곡성산을 '돌실나이'라고 불렀다. 함경도 육진에서 나는 북포는 발이 가늘고 고와 한 필이 바리에 들어갈 정도라 하여 '발내포'라 부르기도 하였다.

삼베 길쌈은 재배와 거두기의 단계를 거쳐 삶아 껍질 벗기기, 삼삼기, 삼띄우기, 베날기, 베매기, 베짜기의 순서로 이루어졌다.

모시는 삼베보다 약간 늦게 삼국 시대부터 나왔을 것으로 보는데 「고려사 절요」에 보면 모시 짜는 기술이 발달하여 원나라에서 문저포를 요구하였다는 기록이 보이며 조선 초기에는 용포로도 사용되었다. 모시 길쌈 과정은 재배와 수확, 껍질 벗기기, 모시삼기, 모시날기, 모시매기, 모시짜기의 순서로 이어졌으며 이렇게 짠 모시에는 연갈색을 띠는 생모시와 증방(蒸房)에서 쪄 마전을 하거나 잿물에 삶아낸 익은 모시가 있었다. '반제'라는 모시는 생모시를 마전할 때 반만 익힌 것으로 생모시 고유의 갈색을 엷게 지니고 있어 또 다른 멋을 풍기기 때문에 남자의 고의 적삼으로 많이 애용하였다. 오늘날까지 가장 섬세하고 정교한 한산 세모시가 빛깔을 자랑한다.

명주의 역사는 삼한 시대로 거슬러 올라가는데 기자 시대에는 전잠을 교시했다는 「사기」의 기록이 있다.

조선 태종 17년에는 전국에 잠실을 설치하였을 뿐만이 아니라 조정에서 종상법을 반포하여 누에치기를 권장하였다. 성종 때에는 궁중에서도 후비들이 친잠례를 행할 만큼 누에치기를 장려하여 중국 비단으로 지어 입던 관복도 국내산 명주로 짓게 하였다.

명주 길쌈 과정은 누에치기, 실뽑기, 실내리기, 명주매기, 명주짜기로 이어졌는데 조선말 생존자 이석례(83세)씨와 이이희(75세)씨는 춘잠견의 길이가 추잠견보다 이백 미터쯤 더 길고, 또 두꺼워 상품에 속하며 춘잠견 고치 한 말에서 추잠견보다 한 자가 더 많은 열

베매기와 베짜기를 하고 있다. 단원의 풍속화첩 가운데 길쌈이다. (조선 후기)

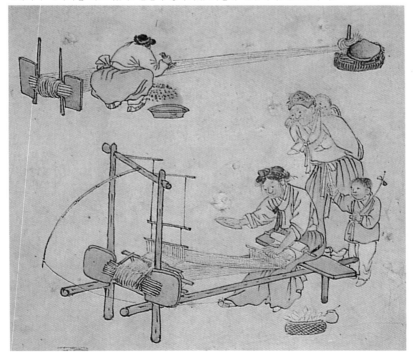

세 자가 나온다고 말한다.

무명은 고려 공민왕 때에 전래되었다고 추정하며 그 후에 충청도, 전라도, 경상도에서 성행하였다. 조선조 세종 27년에는 통화 위기를 수습하기 위하여 무명을 화폐 대용으로 하였는데 나중에 모자란 조세를 거둬들이는 수단으로 남용되어 서민들로부터 무명을 징수함으로써 '서총대포'니 '백골징포'니 하는 유행어를 낳기도 했다. 징세가 과다하므로 심지어 옷 속의 솜을 뜯어 무명을 짰으므로 그 빛깔이 연기에 그을린 듯 검고 치수가 짧아 그 뒤로 거친 무명을 '서총대포'라 불렀다 하며 '백골징포'란 죽은 가족에 대해서도 무명을 징수한 데서 나온 말이었다. 이것은 조선조에 무명 길쌈의 질적인 발전을 가로막은 커다란 요인이기도 하였다.

무명 길쌈은 대개 재배와 수확, 씨앗기, 고치말기, 실잣기, 무명날기와 무명매기, 무명짜기의 순으로 이어졌다. 무명은 15새에서 21새까지를 최상품으로 쳤고 서민들은 7,8새에서 최하 5새 정도로 짜서 입었다.

조선 시대 이후 이런 길쌈은 여자 아이가 어릴 때부터 가르쳤고 평생 동안 숙명처럼 길쌈을 하며 의생활 전반을 이끌어 갔다.

그 밖에 산짐승과 물짐승, 보석류, 향료, 물감, 화장품의 원료 같은 갖가지 의생활 재료의 지방 특산화가 이루어져 복식 문화에 크게 기여했는데 그것들은 보부상을 통해 전국적으로 유통되었다.

누에키우기를 하는 풍속화에서 조선 후기 여성들의 복식미를 잘 볼 수 있다. 속곳은 여러겹 끼어 입어 하후상박의 미를 보여 주며 치마저고리 배색은 백의청상, 녹의황상, 황의청상, 녹의홍상에 낭자두를 하였다. 노인은 백의백상이며 얹은머리이고 처녀는 땋은머리에 황의홍상삼회장이다. (조선 후기)

바느질 도구

바느질은 조선 여인들에게 빼놓을 수 없는 덕목의 하나로 부덕, 용모, 말, 길쌈과 더불어 반드시 갖추어야 할 중요한 범절이었다. 그래서 바느질 한 땀 한 땀에 여인의 정성과 사랑과 염원이 깃들어 있었고 바느질에 소용되는 용구 또한 정성스럽고 비밀스럽고 귀중하게 간직해 왔다. 그러기에 부러진 하찮은 바늘을 애통해 하는 '조침문'이 지어지고 바늘, 실, 자, 가위, 인두, 다리미, 골무를 의인화하여 서로의 재주를 찬양한 「규중칠우쟁론기」같은 소설이 지어졌다. 바느질 도구에는 그것들 외에 실패, 바늘집, 바늘꽂이, 실첩 따위가 있고 인두질을 할 때는 인두판과 화로가 반드시 따랐다.

김해 패총에서 출토된 골침과 신라 선덕왕 3년 분황사 석탑에서 발견된 금속제 바늘과 침통 그리고 가위가 바느질의 역사를 알려 준다. 「신당서」에 신라에서는 버들고리를 음식용 그릇이나 옷고리, 반짇고리로도 쓴다고 기록하고 있어 반짇고리의 역사를 거의 삼국 시대로 잡을 수 있다.

바느질 도구는 재봉 도구와 정리 도구로 나누어 생각할 수 있는데 재봉 도구로는 자, 누비밀대, 바늘, 골무, 가위, 인두, 다리미가 있고 정리 도구로는 반짇고리, 바늘집, 바늘쌈, 바늘꽂이, 실첩, 실패가 있다.

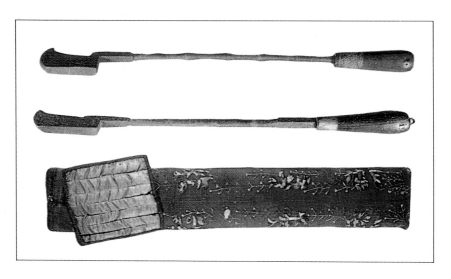

인두와 인두판은 바느질 도구이다. 인두는 부분을 다리는 데 쓰고 인두판은 인두질할 때에
사용하는, 널판지에 솜을 대고 헝겊으로 싼 기구이다. (조선조, 위)
여러 가지 형태의 실패이다. 왼쪽의 대나무로 만든 것은 원통형으로 속에 바늘, 단추 등을
넣을 수 있고 오른쪽의 사각형 나선실패는 실이 풀러지지 않아서 편리하다. (조선조, 아래)

옷 관리의 풍속

옷의 관리에는 세탁법, 기움질, 얼룩빼기, 푸새, 다듬이질, 의복 간수 같은 몇 가지 과정이 있는데 항목마다 풍속사 면에서 선인들의 슬기를 엿볼 수 있는 것들이 너무 많아 낱낱이 기록할 수 없을 정도 이다. 그 가운데 몇 가지 예를 들어보자

먼저 "다림질덕이 아니면 너 서방님 눈에 들지 못한다", "다듬잇돌 을 베고 자면 혼인 이야기가 잘 이루어지지 않는다"는 속담에서 보듯 이 정갈하고 말쑥하게 다루도록 주부를 일깨워 주었으며 또한 다듬 잇돌도 소중히 다루도록 주의를 주었다.

「규합총서」에 나타난 의복 관리의 예를 보면 "때가 지지 않을 때는 토란 삶은 물에 빨면 희어지고 생베는 붉은 비듬과 같이 삶으면 흰 모시 같아진다", "고약은 생무를 문질러 빨라"고 했으며, "먹 묻은 것은 우슬(비듬과의 다년생풀)가루를 물에 개어 발라 마르거든 빨 라"고 했다. 그런 세탁과 얼룩빼기의 기록이 비록 과학적인 근거는 없다 하더라도 오랜 경험을 토대로 효과가 밝혀진 것이라고 볼 때 조 상들의 지혜를 보는 것 같고 또한 현대 의복 관리에서 활용할 수도 있겠다.

"부여인이 흰 옷을 즐겨 입었다"는 「삼국지」 '위지 동이전' '부여

의복 관리를 하는 여인들의 풍속화이다. 다듬이질, 다림질, 마름질, 바느질하는 모습을 볼 수 있다. (조선 후기)

조'의 기록처럼 우리 민족은 예로부터 빨래와 마전을 숭상하는 습관이 있었다. 더구나 조선 시대로 내려오면서 청결이 여인의 으뜸되는 예의로 존중되었던 만큼 윤리 도덕면에서 세탁이 크게 강조되었다. 그러므로 조선 시대에는 마전장이가 등장할 정도였고 게다가 복식 사치의 유행, 생활의 과학화를 부르짖는 실학의 분위기와 빨래하기에 손쉬운 목면의 등장 따위로 세탁 풍속이 점차 일상 생활에 더 깊이 뿌리를 내리게 되었다.

또 「청장관전서」에 "남자의 옷을 빨았는 데도 때가 아직 남아 있고 꿰맨 곳이 터지고 풀 찌꺼기가 붙어 있고 다리미 불에 구멍이 나고 구겨지거나 얼룩이 지고, 넓고 좁음이 척도가 없는 것은 모두 부인의 책임이다"라고 하여 의복 관리에서 빨래, 푸새와 더불어 기움질을 부녀자의 중요한 임무로 책임지우고 있다. 이러한 기움질은 의복의 종류나 질감, 해진 곳의 위치에 따라 누비기도 하고 호기도 하고 감치기도 하고 박기도 했다.

세탁에서도 단물과 센물을 구별하였고 세정제는 주로 잿물을 사용했는데 그 종류는 짚, 뽕나무, 콩깍지, 메밀짚, 고춧대를 태워 만든 잿물들이다. 이 잿물은 주로 면직물과 마직물을 세탁하는데 쓰였고 견직물은 잿물 대신 팥가루, 녹두가루, 쌀뜨물, 순두부물 따위가 쓰였다.

세탁이 끝난 옷에 풀을 먹이는 푸새는 세탁할 때 마찰로 생긴 표면의 잔털을 정돈시키고 의복에 힘을 주어 형태를 오랫동안 유지시키려는 데에 목적이 있다. 또 직물의 광택을 보전시키고 흰색이거나 색채가 있거나 한층 돋보이도록 하며 때를 덜 타게 할 뿐만이 아니라 씨실과 날실의 방향을 바로 세우는 데에도 효과가 있다. 그러므로 조선 시대 풀의 종류만 보아도 쌀풀, 밀풀, 감자풀, 메밀풀, 먹다 남은 밥을 이용하는 밥풀처럼 다양하며 「규합총서」에는 무명과 모시는 잇풀, 비단은 백급풀(대왕풀)을 먹이라고 했고 모시를 두번째로 다듬을 때는 활석이나 녹말물을 먹이고 한편 각색 비단 푸새법에는 옥색은 풀을 먹이지 말라고 했으며 검푸른빛은 아교풀을, 보랏빛은 생토란즙을, 흰 명주는 계란 흰자를 수비 한 무리에 섞어 먹이라고 했다.

현대인들은 부드러운 옷감을 즐겨 입고 또 의복 관리에서도 간편한 것을 좋아하여 푸새가 필요하지 않은 직물이 많이 등장했다. 그리고 푸새를 귀찮아하는 경향이 있다.

다듬이질과 다리미질은 푸새 뒤에 계속되는 관리법으로 빨래에 물기가 고루 퍼지도록 하여 적당한 크기로 접은 뒤 빨랫보에 싸서 밟아준다. 주름이 어느 정도 펴지면 다듬잇돌 위에 놓고 다듬잇방망이로 두드린다. 이러한 과정을 반복하는 동안 구김살이 펴지고 푸새 과정에서 생긴 풀기도 골고루 배어들게 된다. 이 다듬이 과정에서 다듬잇살이 올라 한복의 우아하고 아름다운 멋을 돋보이게 한다. 다리미질은 다리미로 다려서 옷감의 구김살을 펴고 옷을 빳빳하게 세우는 것을 말하며 대개 여름옷을 다듬을 때에 쓰는 방법이다.

　얼룩빼기는 피복에 부분적으로 묻어 있는 오염을 제거하는 것으로 「규합총서」에 그 방법이 매우 상세하게 기록되어 있다. 곧 다목물은 유황내를 쏘이라고 했고 약물은 오매 달인 물에 빨라고 했다. 고약은 생무를 문질러 빨고, 먹물은 우슬 가루를 물에 개어 바르라 했으며, 머리때는 소금물에 끓여 빨고, 피는 죽을 쑤어 김을 쏘이고, 쇠뼈 태운 재를 놓아 빤다. 담배진은 복숭아 잎을 찧어 문지른 후 냉수에 빤다. 여름옷에 핀 곰팡이는 은행과 마늘, 무즙에 빨고, 기름이 온통 묻었을 때에는 무 삶은 물에 빨고 누런 물 묻은 데는 생강즙을 문질러 빨면 된다고 했다. 이와 같은 풍속은 오랫동안 우리 민족의 생활의 지혜로 전해 내려오던 것을 빙허각 이씨가 정리한 것인데 이러한 전통 얼룩빼기의 방법을 과학적으로 실험하여 현대 의생활 관리에 충분히 이용할 수 있을 것이다.

궁중의 복식

　1991년 4월에 체결된 〈영왕가에 유래하는 복식 등 양도에 관한 협정〉을 통해 영왕가의 유품이 그해 10월 반환되었다.
　이로 인하여 조선 말기 궁중 복식의 귀중한 자료를 확보하게 되었고, 조선 말기 복식의 역사를 더 자세히 알 수 있게 되었다.

홍룡포 보(補)　영왕의 홍룡포로 홍색 바탕에 24개 능으로 이루어진 원형 테를 두르고 오조룡을 금사로 수놓았다. 오조룡 주변에는 화염문과 달을 배치하여 용맹스러운 용을 돋보이게 하였다. (위 왼쪽)

적의 보　영왕비의 원형 적의 보로 포지(袍地)와 같은 청색 단에 굵은 금사로 원형 선을 두르고 중앙에 여의주를 물고 있는 품격 있는 용을 수놓았다. (위 오른쪽)

영왕비(英王妃) 적의(翟衣) 적의란 조선시대 왕비와 왕세자비의 대례복을 일컫는 말이다. 영왕비의 이 적의는 153×208센티미터이며 두터운 이중직 남색 비단 바탕에 5색으로 9등의 꿩 무늬인 적문(翟文)을 짜넣었고 소매에는 4등의 적문을, 하단에 세 개의 윤화문(輪花文)을 1등으로 짜넣었다. 소매와 앞길의 적문은 일직선을 이루고 적문 사이사이에는 연두색, 홍색, 흰색, 남색의 작은 꽃 무늬가 있다.

영왕의 홍룡포(紅龍袍)　홍룡포
는 세종 26년(1444)부터 조선 말
기까지 왕의 시무복으로 제도화
하여 사용한 포(袍)이다. 이것은
영왕이 일본에서 결혼한 뒤 왕비
와 함께 귀국하여 1922년 순종을
배알할 때 입었던 것으로 현존하
는 유일의 홍룡포이다. 겉감은 홍
색 운보문사(雲寶文紗)이며 안감
은 남색 구름 무늬 비단이다.

영왕비 당의(唐衣)와 남금박(藍
金箔) 대란치마　당의는 왕비,
왕세자비 및 대관 부인의 소례복
이다. 연두색 문단에 무늬 없는
홍색 안을 넣어 만든 겹옷인데
양어깨와 앞뒷길 하단에는 운봉
문을 금실로 짜넣었다. 금박 대란
치마는 동절기용 겹대란치마인데
위의 스란단에는 부귀다남의 글
자와 천도, 불로초, 연꽃 등의 문
양을 금직하였다.

영왕비 대홍원삼(大紅圓衫) 하절기와 동절기 예복이다. 이것은 영왕비가 착용했던 것으로 봉 무늬가 직조되어 있는 평직의 대홍색 바탕에 양어깨와 소매 하단의 앞뒷길에 크고 작은 봉황이 금직되어 있다. 114×238센티미터. (앞모습. 뒷모습)

왕손 자적용포(紫的龍袍) 조선 후기 왕손의 평상복으로 그 색에서 명칭이 유래하였다. 보는 포와 같은 자색 천에 사조룡을 부금하여 만들었다. 보의 지름 11센티미터. 66×98센티미터. (앞모습. 뒷모습)

진왕자의 복건, 전복, 색동마고자
와 타래버선 어린아이의 돌 때
입는 옷이다. 전복에는 남색의 모란
무늬가 직조되어 있고 복건과 깃,
섶, 도련 등에도 길상 문자, 편복문,
화문 등이 금박되어 있다. 타래버선
은 돌 이후 왕손이 신던 누비버선으
로 섬세하고 정교한 왕실 바느질을
보여 준다. (위, 오른쪽)

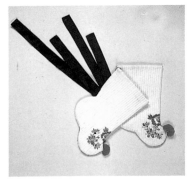

진왕자의 까치두루마기　까치두루마기는 경사일에 입는 것으로 황, 홍, 분홍, 청, 백, 자주의 여섯 가지 색으로 하나하나 배접하였다. (위)

진왕자 사규삼　1922년 영왕과 영왕비가 일본에서 일시 귀국하여 순종을 알현할 때 순종황후가 진왕자에게 하사한 것이다. (아래. 앞모습·뒷모습)

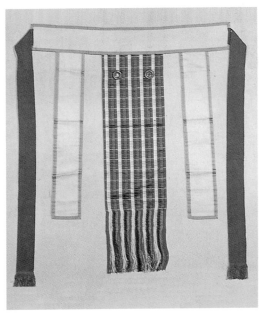

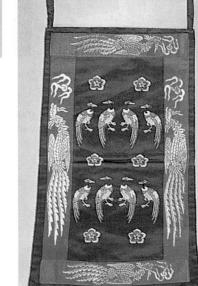

대대(大帶)와 후수(後綬)　대대에
후수가 부착된 형태의 것으로 적의를
입은 뒤 뒷중심에 후수가 놓이고 백
색 대대가 양 옆에 오도록 뒤에서 앞
으로 맨다. (위)

적의 폐슬(蔽膝)　적의 착용 뒤 대대
에 고리를 걸어 무릎 앞을 가리는
장식품이다. 53.5×34.3센티미터. (오
른쪽)

영 왕 비 자색금직 대란
치 마 자적색의 도류불
수문단(桃榴佛手文緞)
바탕에 두 개의 스란단
을 부착한 화려한 홑치
마이다. (위)

전행윗치마 적의 및 원
삼 안에 받쳐입는 치마
로 남색 문단에 금박으
로 두 개의 스란단을 넣
었다. (왼쪽)

영왕의 의장 영왕이 착용했던 익선관
과 목화(木靴), 옥대(玉帶)이다. 왕이
통상적인 업무를 볼 때 곤룡포를 입고
이 익선관을 쓴다. (위,아래)

영왕비의 소립봉잠(小立鳳簪)　날개를 펴고 있는 듯한 정교한 자태의 봉을 부착
한 잠으로 머리에는 가진 홍파리를, 눈쪽에는 자연산 진주를 감입한 아름다운 봉
의 형상을 보여 주고 있다. (위)

영왕비 대삼작(大三作)노리개　왼쪽부터 산호단작노리개, 쌍나비노리개, 주머니
노리개이다. 각 노리개마다 산호, 진주, 마노 등의 보석으로 치장하고 낙지발술과
딸기봉술을 달아 화려하게 꾸몄다. (아래)

빛깔있는 책들 101-7
복식

글, 사진 —조효순

발행인 —장세우
발행처 —주식회사 대원사

편집 —오현주, 이재운, 박노언
김인숙
미술 —김숙경, 유정숙, 이숙영

첫판 1쇄 —1989년 5월 15일 발행
첫판 10쇄 —2003년 9월 30일 발행

주식회사 대원사
우편번호/140-901
서울 용산구 후암동 358-17
전화번호/(02) 757-6717~9
팩시밀리/(02) 775-8043
등록번호/제 3-191호
http://www.daewonsa.co.kr

(₩) 값 13,000원

Daewonsa Publishing Co., Ltd.
Printed in Korea(1989)

ISBN 89-369-0007-2 00380
ISBN 89-369-0000-5(세트)

빛깔있는 책들